新 保育の心もち
〜まなざしを問う〜

秋田 喜代美 著
篠木 眞 写真

ひかりのくに

はじめに

　本著は『保育の心もち』から始まるシリーズの第7巻となる。最初の本が出版されたのが2009年である。それから10年。日本教育新聞で記事を書かせていただいてから12年余りの月日が経った。全国の幼稚園や保育園、認定こども園等、そして小中高校の先生方にも記事を読んでいただいてははげましをいただき、2週間に一度の連載を書き続けてきた。本書のタイトルを『新 保育の心もち』としたのは、10年を経て今「自らを新しくする」と言う私自身の意志と同時に、保育においては日々の暮らしの中で、温故知新という眼差しが、保育制度が大きく変わる中で必要ではないかと言う思いを持ち、このタイトルとさせていただいている。倉橋惣三は子どもの心もちを問うた。私はその子どもの心もちを問う保育者や園の心もちに添いたいという願いから「保育の心もち」と題してきている。

　そして今回初めて、写真家の篠木眞さんにお願いをして写真を使用させていただくことになった。彼の子どもをみるまなざしに私は心惹かれる。そして保育において何が見えているのかと自らを問い続けるという思いで、副題を『まなざしを問う』と付けさせていただいている。篠木さんの掲載許可のご厚意に心からの謝意を表したい。白黒写真であるからこそ訴えるも

のを篠木さんは追究されている。そこに私は昨今のインスタ映えする写真とは違う子どもへのまなざしを感じるのである。

そして本著からは、Ⅱ部Ⅲ部として一つの意味のまとまりをもった内容とした。ひかりのくにの『月刊 保育とカリキュラム』に毎年連載をしている内容のうち、今回は「遊び」と「コミュニケーション（対話）」をテーマにした最新2年間の内容を集めて掲載させていただいている。遊び環境に関する発想の多くは、東京大学大学院教育学研究科附属発達保育実践政策学センター園庭プロジェクトの仲間との共同研究、コミュニケーションに関しては（公財）野間教育研究所幼児教育研究部門の仲間との共同研究に負うところが大きい。そして連載を書き続けている私の内容には、常に誰かとの何かとの出会いがある。その意味で多くの皆さんに支えられて刊行できた第7冊目である。元となった連載伴走者である日本教育新聞の渡部秀則さん、ひかりのくに本著編集の北山文雄さん、連載担当の安部鷹彦さんの支えなくしては本著はなかった。そしてこの本が、園や様々な場での対話の契機の一つになるならば、望外の喜びである。出会いの御縁をいただいた皆さまお一人一人の氏名をここで挙げることはできないが、心からの謝意を表したい。

秋田喜代美

● 新 保育の心もち［目次］

はじめに ……………………………………………… 2

Ⅰ 保育へのまなざし …………… 9

職人技伝承への姿勢 ……………………………… 10
「姿」で捉える育ちの関係論 …………………… 12
保育観共有のスタート地点 ……………………… 14
眼差(まなざ)しと佇(たたず)む姿 …………………………………… 16
手作りおもちゃの文化 …………………………… 18
加減を学べる園生活 ……………………………… 20
研修「はじめの一歩」への意志と支援 ……… 22
園庭にそよぐ風 …………………………………… 24
小学校の校庭の魅力 ……………………………… 26
保幼小連携の深化に向けて ……………………… 28
質向上のための工夫 ……………………………… 30
市民としての子ども ……………………………… 32
保護者の声から届ける記録 ……………………… 34
砂場の質をさらに高めるために ………………… 36
子育てを支え合う支援 …………………………… 38
出来事への対応センス …………………………… 40
動きを表す言葉への気づき ……………………… 42

価値を生み出す創造性 ………………… 44
デジタル時代の子どもたち ……………… 46
主体性を支える辛抱強さ ………………… 48
苦みのある経験 …………………………… 50
その子らしさを捉える記録 ……………… 52
園内研修の活性化とは …………………… 54
「変人」園長に学ぶ ……………………… 56
カレンダーのひと工夫 …………………… 58
園だから生まれる長期的サイクル ……… 60
名づけが生む愛着 ………………………… 62
バリアを越える資質を育む ……………… 64
調べる楽しさが広がる掲示 ……………… 66
見えない物が見える環境 ………………… 68
きらりと光る瞬間を捉える ……………… 70
子どもの姿から「質」を考える ………… 72
研究者・自治体・実践者の連携 ………… 74
エンパワーメントするリーダー ………… 76
世代間交流の場としての園 ……………… 78
集中・夢中・熱中への道筋 ……………… 80
乳児保育のプロセスの質 ………………… 82

場やものへの愛着を育む‥‥‥‥‥‥‥ 84
地域全体の保育の質向上‥‥‥‥‥‥‥ 86
子どものときめきをキャッチする大事さ‥‥‥ 88

Ⅱ 子どもの遊びに学ぶ‥‥‥‥ 91

遊び込む‥‥‥‥‥‥ 92
ワクワク感による遊びの展開‥‥‥‥ 94
経験の物語としての必然感がある遊び‥‥‥ 96
子どもにとっての遊び場‥‥‥‥‥ 98
遊びへの保護者の理解の重要性‥‥‥‥ 101
遊びの習熟‥‥‥‥‥ 103
自信を培う‥‥‥‥‥ 106
つながっていく遊び‥‥‥‥‥ 109
ルールと遊び‥‥‥‥‥ 112
戸外遊びと園庭‥‥‥‥‥ 114
コーナーにある道具への工夫‥‥‥‥ 117
体を動かして遊ぶ‥‥‥‥‥ 119

III 園からの・園での
コミュニケーションを ······ 123
みつめて

メディアのいろいろ ················· 124
園の特色や理念が伝わるホームページ ······ 126
ホームページなどの写真や動画 ·········· 129
声が届くメッセージの発信のために ······· 131
教育とケアを伝える園便り ············ 134
伝えるメッセージのポイント ··········· 137
連絡帳のIoT:Society5.0に向けて ········ 140
連絡帳の電子化 ··················· 143
デジタル時代のアプリによる工夫 ········ 146
デジタル時代の写真の活用 ············ 149
伝え合い方を学び合う ··············· 152
これからの園でのコミュニケーション ······ 154

    おわりに ····························· 156
    初出掲載誌一覧 ······················· 158

STAFF　装丁・本文レイアウト／宇都宮美里
　　　　編集／北山文雄

I

保育へのまなざし

● ── 気概持ち、試行錯誤を重ねて磨きたい
職人技伝承への姿勢

　園のミドルリーダー的存在として保育を担われている、40代・50代の幼稚園や保育所、認定こども園の先生方に話を伺う機会を得た。

　保育では「いつ働き掛けたり何をどのように展開したりするか」「いつ何をどこにしまうか」など、即興的に判断をする側面が問われる。同時に、あらかじめ素材や環境構成の準備をしたり、子どもの意図をくみ取って、きめ細やかに応じたりする面もある。そうした中で求められる対応は、職人技の部分が強い。

　ミドル世代の人たちは、先輩の姿を見て、そうした技をまねた。知りたくて必死に素材を探したり、先輩に尋ねに行ったりもしてきた。最初は先輩のようにできず、試行錯誤を重ね、失敗しても何とかなるという対応感覚をつかむことで技を磨いてきた。

　ところが近年は、早期退職や産休・育休での職員交代に伴う非常勤・パート比率増加などにより、以前と比べて、この技の伝承が難しくなっている。

　保育者の数がそろえば、それで質の高い保育ができるというものではない。保育では、子どもを好きに遊ばせて何となく時間を過ごすこともできる。しかし、見る人が見れば、質の高い保育との違いは歴然としている。

　それでも、保護者には豊かな保育がどのようなものかが見え

ないので、「このままでよし」とする人も少なくない。「本当にこれでいいのか」と、ミドルリーダーたちは保育の行く末を案じている。

　言われたり、与えられたりすることをきちんとこなすだけでなく、「私はここまでやりたい」とこだわりを持って保育をする気概と、それに応える技の先輩からの伝承。待機児童の話題の陰に隠れているが、これらが痩せ細ることは、日本の良き保育の伝統にとって由々しき難題である。園として、園を越えて専門知の伝承が問われている。

● ── 環境や関係から表れた中に具体性が見える

「姿」で捉える育ちの関係論

　桜の便りが聞こえてきた。つぼみになった花の開花は予想できる。しかし、「紅葉の瞬間を見た者はいない」と言われるように、葉の色は気づいた時には変化している。

　ふと気づけば遊びの様相が変わっていたり、成長していたりするなど、子どもの育ちも、そんな日々の出来事の繰り返しの中で実感できる。

　「子どもに特定の能力が育ったから、こんな行動の変化が表れた」という説明をするのが、個人内在的な見方である。海外で保育が語られる時はこうした言説が多い。一方、日本では、環境や仲間との関係で、子どもの育ちを捉えることが多いように思う。

　ある子が、風邪で卒園式に行けなくなった。「行きたいけれど、風邪がうつって、みんなが困るといけないから」と、断念したそうである。その子の休みを聞いた友達は、保育者に言われたわけでもないのに誰ともなく「がんばれ○○ちゃん、早く治ってね」という手紙を書いたという。保護者も保育者も、互いに仲間を思う言葉と行動に、胸を打たれたということを伺った。

　仲間関係の深さや相手への思慮深さなどは、目に見えない。しかし、それは、ふとした時の「姿」に表れる。

　先日、審議会の座長として幼稚園教育要領の改訂に携わられた無藤隆先生に、「幼児期の終わりまでに育ってほしい10の

『姿』」を、10の「力」ではなく、「姿」と命名したことへのこだわりを伺った。

　関係や環境の支えの中で表れる「姿」は、日本の保育観らしい言葉だと思う。その「姿」を確かに捉えられるまなざしは、子どもに関与しながら意図的に捉えているからこそ見えてくる、具体的なその子らしい姿、その子ならではの姿であるだろう。

　日々の子どもたちの育ちの具体的姿を、各園はどのように捉えられるだろうか。

●── 思いとプロセスの重要性を具体的事例で伝える
保育観共有のスタート地点

　新学期がスタートする4月。入園・進級した子どもたちを迎え入れるため、保育室がきれいに飾り付けられる。その準備のために、時間をかける保育者や園も多い。

　ある園では、年長児が3月の卒園に向けて、部屋を彩る飾りを自分たちで作る。さらに、それを4月に年長になる園児が進級する際の飾りとしても使う。その様子を拝見する機会に恵まれた。

　花紙で花を作っていると、色とりどりの切れ端が出る。「桜の花びらみたいだね」という発言から、「貼り絵みたいにできるかな」とみんなで切れ端を集め、きれいな貼り絵の花飾りも作られた。

　この園では以前、入園・進級のための壁面や室内の飾り付けを、各クラスとも保育者が準備していた。しかし、今は、子どもたちも一緒に手作りで飾り付けをしている。

　園長先生は、「見栄えだけを考えたら、保育者の準備した飾りの方がそろっていてきれいなのは当然。でも、年上の子が次の年下の子のことを考えて飾りを作ること、子どもたちが園生活を自らの手でつくって自立していくとはこういうこと、と保護者に伝えている」と話してくださった。

　自分で飾りを作りたい保育者がいれば、それも認めている。しかし、そうすれば入園準備の時間が節約でき、他のことに時

間を使えること、子どもが次の子のことを思って作るプロセスにこそ保育としての価値があることを保育者に伝えている。

　このことは、保護者にも説明する。そうすることで、結果や見た目の出来より、子どもの思いとプロセスをより大事にする保育観を、4月当初から理解してもらう。

　具体的なことを通して保護者に保育を理解してもらう大切さを、この園長先生の姿から学ばせてもらった。

●——「静」の中にある深い学びの美しさ
眼差しと佇む姿

　5年前から応援させてもらっている、アートフル大分プロジェクト。子どもが地域の中で自分の色を見つけてアート活動を楽しんだり、大分県立美術館が教員研修や多彩なワークショップを行ったりする場になっている。

　また、美術館教育普及リーダーと教育委員会指導主事が一緒に園や学校に出向き、協働してアート活動をされている。幼稚園や保育所、認定こども園、小学校、中学校、特別支援学校で、こうしたさまざまな活動が実施されている。

　プロジェクトの報告冊子「びじゅつってすげえ！」が完成した。2016年は、子どもたちの「笑顔、眼差し、佇む姿」の写真が中心の冊子になっている。子どもが対象に向ける眼差し、そこで佇む姿の中にこそ、深い学びや真摯な関わりが見えてくる。

　大人は、乳幼児の動的な姿や笑顔に目が向きがちである。しかし、佇む姿の中に、次への意志や思考の深さを感じ取ることができる。また、息を凝らして対象に向ける眼差しや前のめりの姿勢の中に、一人一人異なる実存と美しさが見えてくる。

　(公財)ソニー教育財団「科学する心フォトコンテスト10周年記念冊子」に掲載された、乳幼児が驚いたり、探究したりする姿を写した写真の数々にも、同様の美しさを感じた。

　子どもたちが見せる一瞬の静の姿の中に、何を見取ることができるだろうか。私たちの見守る眼差しと佇む姿に、子どもた

ちは安心を感じることもあれば、時には恐れやおびえを感じることもあるだろう。

　子どもと保育者が新たなことに出会い、佇む姿の重なりに、その園らしい暮らしの佇まいがあるのかもしれない。せわしない日々でも、新緑や風を共に感じつつ、佇んでみたい。

●── 物を大事に慈しむ日本の保育の良さ

手作りおもちゃの文化

　おもちゃ屋さんに行くと、キャラクターのおもちゃがいろいろ並んでいる。それに対して、園に伺うと、さまざまな素材で工夫を凝らした手作りおもちゃが作られ、子どもたちに使われている。

　こうした手作りおもちゃは、地味な色合いでシンプル、使い込まれたことが伝わり、壊れたら修理して使える物が多い。手作りだからこそ、作り手の思いや安全性が大事にされている。

　ある園でも、保育者が作ったと思われるおもちゃや椅子、段ボールの車など、いろいろな物が子どもの目線の位置に置かれていた。その園では毎年、保育者が必ず一人一つずつ、手作りのおもちゃを２カ月間の期間を決めてその中で作ることになっている。

　新任保育者もベテランの保育者も同様に作り、それらを相互に見合う機会があるそうである。そこで「いいな」と思ったおもちゃは、他の保育者も含め、さらに数を増やして作ったりされるという。

　この法人が運営する６園全園が、こうしたおもちゃ作りに取り組み、園全体の文化として根づいている。相互に保育を見合う公開保育も、法人内の６園の間で行っておられる。

　この手作りおもちゃは、保育者が知恵を総動員して創り出した、子どもの実態に合った物。だからこそ、子どもたちがど

のように使うかを気にして、より丁寧にその様子を見ることになる。さらに、喜んで使ってくれたら、そこにやりがいも生まれる。

チェーン店のように同じおもちゃセットがどの園にも置かれる文化とは違う、この手作り文化の中に、おもちゃで遊ぶ子どもに心をはせて物を慈しむ日本の保育の良さがある。どんな時代にも、専門家の知恵が物に表れ、根づいていってほしいと思う。

●── 相手を気遣う関係性の中にある
加減を学べる園生活

　ある園の3歳児Sちゃんが、そっと手の平を見つめている。そこにいたのはダンゴ虫。つぶさないように、手加減しながら見つめている。しかし、落ち着いていないダンゴ虫は動き出し、腕を伝ったりしていた。

　周りの子はみんなで手を広げ、Sちゃんのダンゴ虫が落ちた場合に受け止められるようにしている。1匹の小さな命を、子どもたちは真剣に見つめて、大切に扱っている。

　Sちゃんと一緒にダンゴ虫を探していた先生が「おうちに入れてあげようか」と声を掛け、虫かごを取りに行く。その間も、子どもたちはダンゴ虫の動きに大騒ぎだ。

　持ってきた虫かごを開けながら、先生は「おうち、このままでいい？」と尋ねる。「うん」と言う子もいれば、「土や葉っぱを入れてあげようよ」と言う子もいる。ダンゴ虫は、葉っぱを入れた虫かごに入り、一息ついた。

　参観させていただいたこの園の園内研修の主題は、「子どもが『加減』できる環境の構成と素材」。園長先生が長年の経験の中でご覧になってきた「『人やモノ、こと』との関係の中で、うまく関係を保てるよう考えながら園生活を過ごす子どもの姿」から、この主題が出てきたと伺った。

　「一つしかない果物を、今自分が採るのか、みんなを待つのか」「悔しくて相手を攻撃したくなってしまった時、どこまで

はよく、何はいけないのか」。そんな「ころ合い」「ほど合い」や「塩梅(あんばい)」「手加減」などの加減を、子どもたちは園の中で学んでいく。

近年では、こうした姿を「非認知能力、自己調整能力ですね」と、いかにも分かったように語る人もいる。しかし、加減は個体内在能力ではない。文脈を読み、共に生きる相手を気遣おうとする、ケアから生まれる互恵的関係性の中にある。

● —— 探究の機会を保障する知恵を出したい

研修「はじめの一歩」への意志と支援

　園内研修に関わる連続講座を担当している。受講者の皆さんも熱心に参加してくださり、私が多くを学ばせてもらっている。

　講座終了後、受講した一人の保育者が、声を掛けてくださった。「私の園では、園内研修をほとんど行っていない。でも、必要だと思って参加した。どこから始めたらいいか」。正直な声を届けていただき、本当にありがたかった。

　私どもの発達保育実践政策学センターの大規模調査の結果によると、各園の園内研修実施回数の平均は、年間4回程度。一方、園内研修を「全くやっていない」「ほとんどやっていない」と回答した園も、少なからずある。

　研修に関する書籍では、さまざまに工夫し、楽しみながら熱心に取り組む園の姿が紹介される。しかし、これから大事なことは、園内研修の「はじめの一歩」を模索している方たちの背中を押すこともともめられよう。「子どもの姿や保育を見て心を動かされ、同僚と語りたくなる。それを継続して、探究できる機会の保障を創り出す」ための知恵が出せるかだろう。

　これは、子どもの姿を語り合い、同僚の保育のすてきさから学びを生み出す場への誘いである。時間は短くても、数人の仲間からでも、タイムマネジメントする知恵から始めたい。園長や施設長の支援と決断も欠かせない。

写真を使った研修を紹介し始めた時にも、記録を書かないと研修が深まらないという指摘を受けた。それでも、シフト勤務で時間がない中、初めての人も心を寄せ、「始めてみたい」と探究していけるために後押しする知恵の共有が、今、求められている。

　日々の保育を問い直す機会にできる研修が、研究と実践をつなぐ。多様化する保育の中で、その時間や人、知恵の体系化が必要なのではないだろうか。

● ── 美しく暮らす佇まいを保障したい
園庭にそよぐ風

　ポルトガルに出張した際、50年以上の伝統を持つ民営保育所を参観した。子どもたちの自由感があふれる園であり、その自由感はどこから来るのかと考えさせられた。

　男性の保育者がギターを弾き、子どもたちが楽器を使いながら歌を聞かせてくれた。来客があるからと特別に練習して完成させた作品を見せるのではなく、皆が歌を歌うことを楽しみに、心地よく子どもたちが楽しんでいる姿が伝わってきた。

　園庭に出ると、自然が豊かなだけでなく、木の切り株や枝を使って子どもたちが遊べるようになっている。風鈴のような物や何本か組み合わせた枝に毛糸を巻きつけた飾りなど、子どもが作ったであろうものが木にぶら下げられていたことが印象深かった。

　園庭に面した部屋の窓辺には、紙で作った風車が飾られていた。風のそよぎとともに風車が回り、窓から風が入ってきた。

　そうした様子からは、園庭や窓辺などの環境を共に構成する一員として、子どもたちが関わった軌跡が見えてくる。だからこそ、子どもたちは、こうした暮らしの場を大事に使っている。

　子どもたちの製作を支援する専門のアーティストが関わっており、ホールには子どもたちのコラージュの作品が飾られていた。幼児が作ったとは思えないような、立体なども組み合わせたポップな作品だった。そこにある丸い柱には、子どもたちが

ぶつかっても痛くないようにと、保育者が編んだと思われる毛糸のカバーが巻かれていた。

　この園には、美しく暮らす佇(たたず)まいがあちらこちらにあった。暮らしの場にある伝統と文化を、私たち日本の園は四季の中でどのように保障しているか。そう振り返った園訪問だった。

●── 園児にとっても豊かな環境
小学校の校庭の魅力

　幼小交流の場面を参観する機会を得た。こども園から小学校に出向く行き帰りの道を、園児と一緒に歩かせてもらった。

　交流は互いに、とても楽しいものだった。園に帰る時、「カマキリの卵や」と、教室の脇に見つけた園児が声を上げた。それを見たい何人かが集まると、「見てから帰ろか」と保育者が声を掛けた。園児たちは興味津々。すると「あ、セミの抜け殻が割れとる」と、別の子が叫ぶ。また、そこに園児が集まった。

　そして、交流した学級の教室の前を通ろうとすると、小学生が「○○ちゃん」などと声を掛けながら手を振ってくれた。いかに充実した交流だったかが、園児と小学生の表情からわかる。

　学校の中には、園児の見たことがない植物も植えられている。「キュウリはチクチクだったのに、この葉っぱはフワフワや」と、葉を触った一人の子どもがつぶやく。園児たちは、「なんやろ」「キュウリとは違うわ」などと話していた。

　保育者は「ヒントがここにあるよ」と、そばの名札を指す。そこには、「ひょうたん」「へちま」と書かれていた。「ああ」と言う子がいる。上を見つめたり、葉っぱを見たりする子もいれば、「アリがいっぱいおる」「暗い所が好きやから」「ここにも、あそこにも」と、アリを追い掛ける子もいた。

　園児にとっては交流だけでなく、小学校の環境自体も、ゆっく

り楽しめる豊かな場となっている。小学校という場との出合いが、園児を育む姿を目の当たりにした。そこには、ゆったりとした時間の保障もあった。

　都市部では、園庭のない園も増えている。「これから小学校の校庭は、園児にとっても魅力ある環境となるに違いない」と、園児と歩きながら考えた散歩道だった。

●── 保育者と教師が子どもの育ちを共有し協働

保幼小連携の深化に向けて

　夏季研修の講師として、幾つかの地域で保幼小連携の講座に参加する機会を頂いた。毎年、同様の内容の講座に参加するので、それぞれの自治体の保幼小連携・接続が年々深化していることを肌で感じることができる。

　連携には、各地域や自治体の特徴が出る。次への一歩として、ある区では「保育参観から保育体験へ」「近隣の私立園にも声を掛ける」「事前事後の交流の機会を増やす」「お招きではなく、体育館などを気軽に使ったり、校庭に園児が行ったりするなど日常的な関わりをする」「ざっくばらんにできる機会を持つ」「特別支援の子を中心に、どう成長していくかを話し合う」などの意見が出た。

　また、ある村では「子どもはどこまで育っていて、何ができるかを見て手を出し過ぎないようにする」「普段の様子を見せ合う機会を持つ」「連携後の振り返りの場を設ける」などの意見が出た。

　「すでに始まっていることをさらに一歩、日常化していくため、具体的に何ができるだろう」という語り合いの中で、保育者と教師の交流・協働の重要性が、自らの立場から語られるようになっている。私たちが実施した、保幼小連携の効果に対する保護者の認識についての調査研究でも、子ども同士の交流とともに保育者・教師間の交流が有効と高く評価されていた[※]。

OECDが出版したStarting StrongVでも、「子どもが学校のために準備することから、学校が子どもを迎える準備をするように」というメッセージが力強く出されている。保幼小に関わる大人が子どもの育ちの過程を共有し、地域で子どもを育てる展望と経験値を高めることが求められる。運動会などの行事のある秋に向けて、連携し、語り合いたい。

※　一前春子・秋田喜代美・天野美和子 2016「保幼小連携に対する保護者の期待と効果の認識」乳幼児教育学研究, 25, 67-79.

● ── 求められる共有に向けたネットワークづくり

質向上のための工夫

　保育の質向上を目指して各園が考えている工夫が書かれた資料を読ませていただき、自分なりに整理する機会を得た。先生方が日々の実践の中で意識されていることであり、どれも納得させられた。そして、その内容は、どの園でも意識しようとされていることなのではないかと感じた。そうした工夫の視点は、大きく四つに分類される。

　一つ目は、これまでの保育活動について新たな環境や教材を工夫できないかという、「実践内容のためのさらなる工夫」である。特に、「子どもの興味や遊びを継続、発展させていく活動へと支援するにはどうしたら良いか」がポイントである。また、新たな工夫が子どもたちの興味・関心を引き出すことから、そのためのアンテナをどう張るかという「保育者の探究の必要性」もある。

　二つ目は、夢中になっている子どもたちの関わりのプロセスをどう見取るのかという「見取りの難しさ」とその工夫である。保育者が見落とすことも多い、短く、かすかな子どもの心持ちである。

　三つ目は、その見取りを確かにする観点や記録のあり方。忙しい中、職員間でどう事例を共有することが振り返りを深め、保育の改善につながるかという、「分かち合う内容とそのための手立ての工夫」である。

四つ目は、「それを保護者とも共有したり、園内だけで得られない知識を専門家や他園から学んだりするための工夫」である。

　この四つの工夫の視点からは、保育者一人でもできること、園というチームだからできること、園を超えたネットワークにより可能になることがある。保育者や園がつながるネットワークをつくり、各工夫の共有に取り組むことが求められている。

● ── 子どもの声を大人が聴き取る大切さ

市民としての子ども

　イタリアからレッジョ・エミリア市の幼児教育に関わる２人の専門家が来日され、「子どもの権利とまちづくり」についての話を伺う機会に恵まれた。さらに、同市で年に１度、大人から子どもまで多くの市民が参加し、２日間にわたって街のさまざまな所を舞台に繰り広げられる「レッジョナラ」という活動について、立ち上げ当初に参加された石井希代子さんの話を伺うこともできた。

　私たちは、「子どもは将来市民になる人」として捉え、早く大人になるように育てようとする。そのためには未来への投資が大切という言葉で、子どものことを語る。また、保育は、保育料とサービスの「経済の対価交換」として捉えられるのが現状である。

　一方、レッジョ・エミリアの教育では、子どもは市民であり、子ども自身の目線で街を捉えて語ることができる表現者であると位置付けている。

　「子どもは未来からきた存在である」という言葉に象徴されるように、今ここで未来のあり方を示してくれるのは子どもであり、大人こそが子どもの声を聴き取ることが必要と考えている。「与える―受け取る―お返しをする」という関係で語られる。

　レッジョ・エミリア市では、子どもが街に出掛けて地域の事

を学び、それを遊びとして表現する。そして、子どもたちが捉えた街や商店などについての表現を地域や大人にお返しの気持ちを持って示し、それを大人が楽しむ姿がある。こうした子どもたちの取り組みは日本にもあるが、贈与のお返しをすることを大人が楽しむ姿は少ない。

　子どもたちは、れっきとした市民である。その声や権利を、私たちはどのように聴き取り、守っていくことができるだろうか。そこに、大人のあり方が問われている。

●── 各園ならではの工夫で伝えたい

保護者の声から届ける記録

　園での活動過程や子どもたちのすてきな姿を写真と言葉で伝える記録掲示は、学びの履歴のドキュメンテーションとして、多くの園で行われている。その中で、私が各地で話しているのは、横文字使用や模倣だけではなく、各園や日本ならではの工夫もいろいろあるということである。

　先日、私が研修で聴かせていただいた記録掲示は、その点でとても面白いものだった。一つは、保護者の声に基づく記録の掲示である。

　同じ園に兄弟・姉妹を通わせている保護者から「家では、けんかばかりしている」という話を聞いた保育者は、「園ではそんなことはないのに」と感じた。よく考えると、保育の中に兄弟・姉妹が一緒にいても、記録掲示では、子ども一人一人やクラスのことを伝える発想が多かったと思った。

　そこで、兄が弟を支えてあげたり、弟が兄を慕っていたりする姿の写真を見せると、その保護者は「園ではそうなんですね」とにこやかな表情になった。そして、家庭での兄弟の見方も変わった。そうした話を、その写真を拝見しながら聞かせていただいた。

　この経験から、園で家族全体を支える大切さを再認識するとともに、保護者から見ると、時には兄弟・姉妹の関係が分かる情報もあると良いと気づかれたという。

また、ある第一子の保護者の方が家庭での歯磨き指導に不安を感じた時に、「園ではこんな工夫をして、楽しく磨いていますよ」と、写真を用いて伝えたという話も伺った。

　園と家庭が互恵的に、子どものことについての対話を深められるような記録掲示。こうした工夫を保護者の声から始めることもまた、その園や日本ならではの取り組みらしくて良いと感じた。私の知らない日本ならではの工夫は、きっと数多くあるに違いない。

●── 振り返りと環境の工夫が遊びを深める

砂場の質をさらに高めるために

　ある幼稚園で3歳児の入園から秋ごろまでの砂場での様子を撮影し、その映像から幼児の砂場での遊びを捉えるDVDの監修に取り組み、完成を迎えた[※]。撮影した映像の中から場面を拾い出し、絞り込む作業の中で、砂場遊びの姿を何度も見る機会を得た。

　フルガムが『人生に必要な知恵はすべて幼稚園の砂場で学んだ』と題した意味は、よく分かる。砂や土は、きめや湿り具合によって感覚を刺激し、水との微妙な調和によって団子にも足湯にもなる。その中で子どもは、仲間や保育者の動きをよく見ている。子ども主体の場である。

　だからこそ、どの園も、砂場にもう一工夫できるとも感じた。園庭の広さや有無にかかわらず、大半の園にあるのが砂場である。しかし、その砂の量や質、掘り起こしによる堅さはどうだろうか。撮影した園では、砂場を機械で耕しておられた。

　また、砂場に水を入れるための水場との関係や水を運ぶ道具の工夫はどうだろうか。あえて大きめの道具を用意したり、その口や深さを変えたりすることで、多様な経験が生まれる。水の重さを感じたり、流れる様子を見たりすることができるためには、環境の工夫が大切である。撮影した園では、流れる筒に透明や不透明のもの、木や竹、プラスチックのものがあるなど、さまざまな材質の物が準備されていた。

砂場が安定して子どもが遊べる場だからこそ、育ちに応じて時に砂を足し、場や物のあり方、位置と動線の関係を見つめ、使用のルールや保育者の関わりを振り返る。それが、さらに子どもの遊びのダイナミズムを高めていく。多くの人にとって、毎日のように砂に触れるのは乳幼児期だけだろう。だからこそ、豊かな経験を保障したい。

※　秋田喜代美(企画・監修)　(学)亀ヶ谷学園宮前幼稚園(協力)『砂・土・水で遊ぶ子どもたち―支える環境　モノ　時間』日本児童教育振興財団　教育ビデオライブラリー㊿ 2017

●—— 園の知恵で喜びの輪が広がる

子育てを支え合う支援

　保育所保育指針の改定によって、不安や悩みに寄り添う支援、成長を共に喜ぶ気持ちに共感し合うことで子育てへの意欲や自信を膨らませられる支援について、一層の工夫が求められている。先日、ある自治体の研修で、各園の取り組みを共有する時間を設けさせてもらった。

　保育中の出来事をタイムリーに保護者に伝えるため、各園はさまざまな工夫をしている。特に、写真を使った掲示や通信が保護者からのフィードバックで双方向になってきており、保護者同士の共有も進んでいる。

　月に１回、お迎えの時間に、親子遊びの場を設けて家庭でもできる遊びを楽しんでもらったり、手作りおもちゃの作り方を伝えたりと、保育者の専門性が家庭での遊びに生かされ、より豊かに展開できる支援が行われている。

　育休中のフォローや生まれたばかりの乳児への対応、離乳食レシピのお知らせなど、調理師や看護師の専門性を生かした、保護者のニーズに応える活動も好評と聞いた。食育に向けて園で作った野菜のレシピをきっかけに、「家ではこんなレシピで作ってみました」などと、保護者間で情報の共有や交換が生まれたりもしている。

　ある園では、リサイクルボックスを設置し、小さくなった子どもの洋服を入れてもらっているそうである。保護者が不用

になった洋服を自由に持ってきてボックスに入れ、他の保護者が見て、ほしい洋服があれば持ち帰る仕組みである。お礼など気遣いすることなく、ある家庭で不用になった物が別の家庭で使われる循環が生まれており、園がその核になっていると伺った。

　子育ての知恵や情報と同時に物も共有される。園の知恵次第で、喜びの輪が広がることを実感した研修だった。

●── 瞬時の判断に、大事にしていることが表れる

出来事への対応センス

　保育では、保育者の予想を超えることが起こる。その時の瞬時の判断に、大事にしていることが表れる。

　水栽培をしている球根のプラスチックポットの水替えをする日、5歳児クラスの女の子が、根が伸びている球根の水を替えようとした。一人では難しいので、根が出ているポットのふたと根の付いた球根を持ち上げて友達に持ってもらい、水を変え始めた。

　持っていた女の子がちょっと触った瞬間、ふたから球根が抜けてしまった。根が伸びて広がっているため、無理に入れようとすると、ひげ根が数本折れてしまった。

　「まだ根っこは残っているから大丈夫だよ」と、ふたと球根を持っていた子は言う。しかし、ポットのふたに、広がった根の付いた球根をどう戻すかが問題になった。

　新採用の担任保育者は、その様子を温かく見守っていた。解決法が思い浮かばないので、「クラスのみんなに聞いてみる？」と声を掛ける。子どもたちは、「本で調べよう」と言って栽培のことが書かれた本を開き、みんなで調べ始めた。しかし、そうした内容は載っていない。担任は「針金で球根を留めたことがあったから、作ってみる？」と話した。だが、実物がないので、子どもには伝わらない。

　別の子がポットのふたに球根を押しこむと、さらに何本か根

が折れたものの、元のように収めることができた。水替え担当の子は、もう一度球根を抜いてから、そっと入れてみる。根の数はずいぶん減った。「まだ根っこがあるから、水を吸ってぐんぐん伸びるよ」と言う子もいる。水替え担当の子は、球根の前で合掌し、部屋にその水栽培を持っていった。

　痛みと共に学んだことは、球根への愛着になるだろう。保育者の温かな対応が、子どもを育んでいく。

●── 語彙の広がりが創造的な動きを育む

動きを表す言葉への気づき

　寒さが増してきた師走。おしくらまんじゅう、縄跳び、ドッジボールなど、陽だまりの中で体を動かす遊びができる日には、戸外で思い切り遊びたい。子どもの健康な体づくりの大切さは、言うまでもない。今後必要な資質の一つに、Health literacyがある。

　ロンドン大学（現在オックスフォード大学）のイラム・シラージ教授らが作成した、子どもの運動と体づくりのための保育環境スケールMoversに関する本※の中で、面白いと思ったことがあった。その一つが、「運動遊びができる多様な環境を準備するだけでなく、動きに関する言葉を意識して使ってみることで子どもたちに気づきが生まれる」という指摘である。

　例えば、「『くるくる回る』『しゃがむ』『滑る』『うろうろする』『跳ねる』『ひっくり返る』など、動き方についての言葉を意識的に使って、動きを表す言葉を鍵に動いてみる。運動活動を通して語彙を広げることが、正確で創造的な動きを育てる」ということである。

　子どもは、「くるくる」「びゅーん」「ぴょんぴょん」「ふらふら」など、さまざまな擬態語を使って動きを体験する。その共有を通して、多彩な動きをしながら自らの体に気づき、自己統制ができるようになったり、動くことを楽しんだりすることを育むことができる。「ゆっくり」「すばやく」「そっと」などの副詞と

共にリズムと動きを感じることも、語彙獲得の盛んな乳幼児期ならではのことである。

　こうした言葉は日常的に使われており、目新しいことではない。しかし、自らの動きと言葉がつながり、動きに合う言葉を使うことが、言葉と体への感性と感覚を培うだろう。寒い時こそ、時には一人で、時には仲間と、さまざまな動きを楽しみ、一体感や達成感を意識して育みたい。

※　キャロル・アーチャー，イラム・シラージ（著）秋田喜代美（監訳）淀川裕美・辻谷真知子・宮本雄太（訳）『体を動かす遊びのための環境の質評価スケール―保育における乳幼児の運動発達を支えるために』明石書店 2018

● ── 見立てる力、夢見る力が原点に

価値を生み出す創造性

　新たな価値を生み出す創造性は、急激に変化するこれからの社会を担う子どもたちに求められる、大事な資質となるだろう。幼児たちは、それを未来のためでなく、今、ここを生きる中で発揮する。

　ある園庭で、黄色く色づいたイチョウの葉を拾い集めて花びらのように組み合わせ、小さなコップに飾った5歳児がいた。飾られた美しいイチョウの葉は、バラやツバキの花、ブローチなどに見えてくる。すると、他の子どもたちもそれを見て響き合い、同様に美しく創り出した。

　私が勤めている大学のキャンパスでは、イチョウの葉が美しく色づいている。その美しさをめでたり、ギンナンを拾いに来たりする大人は数多くいるが、上記の子どものように、そこから新たな美しさを生み出す人はいない。

　ある園の砂場での、4歳児の会話。「落とし穴にしよう。ふかーく掘ると地球の反対側に行けちゃうんだよ。すごくない」「俺は宇宙に住みたい」「宇宙には行けないんだよ」「いいんだよ、行けなくても」

　こうした会話をしながら、子どもたちは砂場の中で見立てをして、空想的なことを構想し、夢見る力を培っていく。こうした見立てる力、夢見る力こそ、現実の見た目を超えて新たなものの見方を示したり、新たな価値を生み出したりする原点とな

るだろう。

　砂場の傍らで石けんを泡立て、緑色にする具材を混ぜている女の子。私にその泡を差し出してくれたので「わあ、おいしそうな抹茶クリーム」と言ったら、すぐに「違う、メロンクリームだよ」と訂正されてしまった。自分の見方で声を掛けたことを反省する私。「おいしそう」で止めればよかった。子どもの新たな発想を受け入れて楽しむのか、大人の見方に誘導するのか。そこに分岐点がある。

●── 豊かな自然体験が本質的に必要な力育む

デジタル時代の子どもたち

　学校や園のあり方と効果のあるリーダーシップ、イノベーションに関する学会「ICSEI」(International Congress for School Effectiveness and Improvement)での講演に呼ばれ、さまざまな国から来た人たちと話をする機会を得た。どの国でも、教育革新としてのICT利用の両義性が語られていたのが印象的だった。

　「技術革命と言うように、人間の知恵から生まれた道具には革命『revolution』が生じる。だが、人間は生物であり、時間をかけた進化『evolution』が大切ではないか。バーチャル世界に夢中になるだけでなく、戸外での自然体験を大事にし、生き物として、自然と共生するのが重要」と、学校教育の変革と質向上を議論する場で、幼児期からの外遊びの大切さが語られたのが印象的だった。技術革新と教育革新の関係を問う必要がある。

　子どもたちは乳幼児期、自然に関わる中で感性や自分の身を守るすべを身に付け、自然と共生することで命あるものを慈しむことを学ぶ。この経験を豊かにするために、現状の保育から一歩踏み出すには何ができるだろうか。

　園庭の調査研究をしていると、園の先生方の多様な知恵に支えられた工夫が、日本の園庭と子どもの遊びを創り出していることを実感する。それは、「複雑だが、子どもたち自身が関わ

り、共に環境をつくることができる場」である。

　今の子どもたちが自然と関わる最後の世代にならないためには、園庭の工夫とともに、保育者が地域にある多様な自然を探究し、教材としていく学びも大切だろう。

　デジタルだけでは、命あるものへの共生感覚は育たない。「子どもたちが生きていくため、本質的に必要なものは何か」「それを育むための保育の場は、どうあれば良いか」を考えることが、保育の持続可能なイノベーションを生み出すだろう。

● ── 尊厳を認め、信頼することが大切

主体性を支える辛抱強さ

　ある園の片付けの時間。一人の男の子は、まだ部屋に作った滑り台の上にいた。「自分も滑ってみたい」と滑り台に登り、座ったが、滑り降りることをためらっているうちに時間になってしまった。

　友達は寝そべって滑ったり、危なくないようマットレスを持ち出したりして楽しんでいた。そうした姿に心惹かれて彼はやって来たが、滑り降りることができなかった。

　「もう片付けだよ」と、誰かが声を掛ける。保育者は、「どうしたい？」と尋ねる。「時計の針が『2』になったら降りる」と彼は応える。その時、時計の針は「1」を指していた。「『1』と『2』の間になったよ」「ちょっと『2』っぽい」などと、友達が声を掛ける。「滑り台、一緒に片付けてあげるから」と言う友達も出てきた。

　そして、保育者や友達が昼食準備で離れたところ、彼は恐る恐る滑り降りた。同時に、「一緒に片付ける」と言った子をよく覚えていて、「降りたから手伝ってほしい」とお願いした。その子たちも一緒に片付け、昼食に移った。

　「降りなさい」「やめなさい」というのは簡単だ。しかし、保育者や友達は「『2』になったら降りる」という彼の言葉に信頼を寄せ、その判断を待った。その中で、彼は言ったことを守り、行動を起こした。友達は、彼を問題のある子とせず、何も文句

を言わず片付けに協力している。

「早い子」「遅い子」「物分かりのいい子」「頑固な子」など、園にはいろいろな子がいる。そこでみんなが辛抱強く聴く関係が、子どもの主体性につながるのかもしれないと感じた出来事だった。

主体性は、保育者の言う通りに元気で活発に遊ぶことだけではない。主体としての尊厳を、いかに認めるかが今こそ問われている。

●── つらさを乗り越える中にある深い学び
苦みのある経験

　寒さが厳しい時期は、氷や霜柱、雪などを経験する時でもある。ある園の子どもたちは、ゴム手袋に水を入れ、一晩屋上に置いておいた。「どうなってるかな」。みんなで見に行くと、手袋の中は硬く凍っていた。片方にはさみを入れて取り出すと、見事な手の形の氷が現れた。子どもたちは喜びの声を上げ、目を輝かせた。保育者は、それをそっと机の上に置いた。触ってみたい子どもたちに、保育者は「そっとだよ」と声を掛けた。

　一人の女の子が触った途端、その氷は滑って崩れ、壊れてしまった。「あっ」。みんなの顔がこわばった。その女の子は、慌てて壊れた氷を集めようとした。そして、指の形をした１本の氷を持ち、恨めしそうに見つめた。その時、後ろから一人の男の子が、「現行犯、逮捕だ！」と声を出した。それは、日ごろの刑事ごっこで使っていたセリフだった。

　しかし、その言葉は、女の子の心に刺さった。保育者は、わざと壊したのではないことを代弁し、伝えている。しかし、男の子もやるせない気持ちが抑えられず、言い合い、にらみ合いになった。

　保育者は女の子を抱きしめ、その場を離れた。女の子も頭からフードをかぶって部屋に入る。この時、彼女は心痛む思いと共に、氷の扱いについて体験のある学びをしている。同時に、男の子も、何げない一言がどれほど友達を傷つけるかを学んだ

だろう。共にやるせない気持ちを抑え、「またやろう」と希望に変えることの大切さを、他の子どもも含めて学んだに違いない。

　深い学びは、楽しい探究だけではない。時につらい経験を乗り越えようとする中に、子どもの実存と切り結ぶ深い学びはある。氷の冷たさを越える子ども同士の温かな心の通い合いが、このクラスでは強まったに違いない。

●── 多様な育ちが見えてくる複数の視点

その子らしさを捉える記録

　子どもの育ちをつなげて捉えていくのに、その子らしさを捉える場面を互いに交流する園内研修を勧めている。

　先日伺った園の乳児クラス。Aちゃんは少し恥ずかしがりやで、人見知りがち。新たなことに対して、最初は少し距離を置いている。しかし、その後はしっかり、新たなことに参加している。顔に表情があまり出ないので、「楽しいのかな」と思ってよく見ていると、何度も繰り返して取り組んでいる姿があった。

　同じクラスの複数の保育者がそれぞれ「Aちゃんらしいと思う場面」を取り上げていくことで、「怖がりで敏感、慎重な一方で、好奇心が強く、大胆な一面もある」ということが見えてきた。そこから、初めてのことでも楽しいことを伝えたり、少しずつ慣れて楽しめるように環境を整えたりなど、その子に必要な対応が見えてくる。

　また、目立ったり、気になったりしない子を意図的に取り上げ、みんなでその子らしい場面を記録した。すると、同じ絵本を読んでいる時でも、その子らしさを「そこから発展して疑問を問い掛けるところ」に感じる保育者もいれば、「その絵本の中の場面をまねして楽しんでいるところ」に感じる保育者もいた。

　同じ子どもの姿を共有しながらも、保育者の見方によって意味づけが違い、その子の別の面が見えてくる。「それなら、

もっとこんな関わりもできる」などの話が出てきた。育ちを共有しているという実感が湧く楽しさや、その子へのいとおしさ、かわいらしさを感じることも語られた。

　乳児クラスには、複数の保育者の目がある。その良さを生かし、その子らしさを感じ、育ちを共有する。それは、保育者一人一人のまなざしや感じ方の良さを互いに実感するひとときでもある。

●── 保育につなぐ振り返りの「間」を保障したい

園内研修の活性化とは

　研修などで学び合い、学び続ける組織となっていくことの大切さが言われている。そのために必要なことは、誰もが参加できる参加型研修。そこでは「研修に『参加』しているとは、どういう思考プロセスが参加者に生まれることか」をあらためて問うことを大事にしたい。「活発な研修」と「深く学ぶ研修」は異なるからだ。

　一人一人が発言したり、付箋に意見を書いたりすることは、自分の考えを可視化することにつながる。それを紹介する時、互いに聴き取ってくれる同僚がいることで対話が始まる。そこで出された声を誰がどう聴き取り、つないでいくかが深さに関わる。紹介や発表で終わる研修と、考えを深める研修の分岐点である。

　それまで声にできなかったことを、声に出して誰かに届けられることは大切である。問題はその聴き方。私は、応答２人目の声が鍵だと思っている。また、声なき声としての相づちやうなずきから、共感や戸惑い、問い返しや補足の声が出る。それをつなぐ聴き手がいるか、決まった人だけがコメントしたり、グルーピングや整理までで終わりにしていないかを考えたい。

　発言のノートテイキングや付箋紙の模造紙整理などで完成させる見える化の技は、ワークショップスキルとして大切である。しかし、その着想や見方を日常の保育内に取り込み、実践

化できる思考や意欲を生むためには、一人一人が沈黙し、振り返る「間」も必要である。熱心な研修会で感じるのは、振り返りの「間」のなさかもしれない。

　保育に還元される研修にするためには、日々の保育につなぐ思考や意欲を生む「間」、心に響いたことを自分の保育の文脈につなぐ思考習慣や、わがことへとつなぐ心の動きが必要である。これを、いかに保障できるかを考えていきたい。

●── 変革恐れず持続的発展を創り出す

「変人」園長に学ぶ

　桜のころ、退職される園長先生や先生方から、手紙やあいさつを頂く。その中に「変人」園長先生からのメッセージがあった。

　その先生は園長になった時、先代の理事長から「変人」認定をもらったそうである。認定証には「『変人』とは変革を恐れない人」と記されていたと、退職に当たってのメッセージに書かれていた。

　私は園内研修で多くの園長先生にお目にかかるので、さまざまなタイプの「変人」園長に出会っている。そうした「変人」園長たちには、共通の行動がいくつもある。

　第一に、「変革を恐れない」というとスピーディーに自分がリードするイメージがあるが、そうではないということ。若手が自分で何とかしたいと思い、考えられずにはいられない場づくりを心掛ける。新人保育者や４月に異動して入職された保育者も巻き込むように行動をされる。そうした人のサポートを中堅保育者に任せつつ、しなやかに「点―線―面」への組織づくりに動かれるのが特徴だ。

　第二に、タイムマネジメントの上手さがある。タイムマネジメントというと、忙しく限られた時間の中でどのようにシフトや研修時間を組み込むかという話になりがちだ。しかし、職員同士が夢中になって語ったり、振り返ったりという主観的な時

間の質、経験の質、意識が持続的に発展する場を創り出し、やりがいや楽しみを創られている。

　そのため、園にはいつも笑いの絶えない語りの場がある。開かれた園になるだけではなく、よりその園らしくなっていく動きが常にある。

　「変人」園長は、後進を育てる名人でもある。私にとっても、4月は新たな出会いの機会である。共に行動し、探究する「変人」研究者になっていきたい。

●── 楽しみとつながり未来を展望

カレンダーのひと工夫

　子どもも保育者も、日々の生活リズムを安定したものにすることが求められる新学期。園生活を送ることで、1週間単位の生活リズムがつくり上げられる時期でもある。

　カレンダーの使い方も、園や子どもの年齢によってさまざま。その日だけでなく、子どもが少し長い見通しを持った時間感覚を培い、計画性や予期を高めるために有効なツールといえる。こどもの日を祝うのはいつかが分かることで、こいのぼりを作る理由も具体的に感じられるだろう。

　さなぎが成虫になるまでを書き込んだチョウの成長カレンダーを作ったり、ある植物の種を植えてから変化していく様子の写真をカレンダーの下に貼ったりしている園もある。子どもたち一人一人の誕生日を書いた、お誕生会カレンダーを作る園もある。ちょっとした工夫で、子どもには楽しみなこととカレンダーがつながり合い、少し先の未来への展望ができていく。

　保育者にとっては、月曜日の午前中に疲れている子や金曜日の終わりに疲れが出ている子がいないかなど、曜日によって違う注意点も、特にこの時期には意識したい。

　また「新たな遊びは火曜日から木曜日の間に入れると、子どもたちは繰り返し自分からやってみようと遊びをつなげることができる。しかし、金曜日だと遊びが途切れてしまう」と語

られた方もおられた。曜日と園児の暮らしをつなぐ保育感覚は、保育者ならではの大事な感覚である。

　同時に、日めくりカレンダーを使う園もある。今日はどんな日か、当番や活動など「今ここ」を意識できる。職員トイレに、職員が作った保育名言集や挑戦の言葉を飾る園も複数あった。あっという間に時間が過ぎる新生活、見通しを持ちながら、心に残る毎日の生活にしたい。

●── 記憶からつながる遊び

園だから生まれる長期的サイクル

　お兄さん、お姉さんが卒園し、4月から5歳児になった子どもたち。新たな仲間や担任の先生、居場所としての保育室にも少しずつなじんで、落ち着いてくる。

　そのころ子どもたちは、5歳児だけのサッカーゲーム、大きなスコップなど5歳児だけが使ってよい道具、5歳児の保育室だけにある特別なブロックなど、4歳児の時に眺めているだけだった遊びに意気揚々と取り組み始める。

　子どもたちはこうした遊びをとてもよく見ており、1年たっても記憶に残っているようだ。新しい5歳児たちがその遊びを始めた時、それほど憧れていたということを知ることができる。

　園の中の縦のつながりとその記憶から行われる遊びの伝承が、その園らしい遊びを創っていく。年上の子どもたちが生き生きと遊んでいるからこそ、年下の子どもたちもやってみたい気持ちになる。「今はできないが、5歳児になればできる」という制約があるからこそ、思いが膨らむ。

　何でも制限することが良いわけではない。しかし「○歳になったらやれる」という制約は、子ども自身が成長を実感することにもつながる。

　幼児期の教育は「目に見えない教育方法である」と、教育社会学者のバジル・バーンスタインは述べた。それは、教育の成果が見えない（見えにくい）という意味である。

憧れのお兄さん、お姉さんの活動を心に焼き付けて１年間、胸の片隅に温(あたた)めておき、同じ年齢になったら自分たちもそれをやってみる。「あのようになってみたい」「あんなふうにやりたい」という長期的な意欲もまた、大人には見えない。しかし、こうした子ども同士が生み出す長期的なサイクルに、園という場だからこそ生まれる遊びの醍醐味がある。

●── 一体感やものを大切にする心を育む

名づけが生む愛着

　尊敬している元園長先生に話を伺う機会があった。みんなで園庭のデザインを考えながら名前を付けることでいろいろな工夫が生まれることを、ご自身の体験に基づきお話しくださった。単調な園庭を変えていく過程で「にこにこ通り」や「おひさまガーデン」などの名前を職員全員で考え、名づけていったという。

　みんなで考え、名づけることで、その場が子どもたちにとってさらになじみ深くなった。そして、その場に行く時間を楽しみにし、「○○ガーデンに行ってくる」という子が増えるということを教えてくださった。保育者の先生方も、名づけた後にその場のメンテナンスが丁寧になることがあるという。

　こうした場だけでなく、1日の決まった時間帯を「風の時間」「おひさまタイム」「なかよしタイム」などと名づけ、活動や場と時間を密接に関連づけている園もある。

　子どもたちはごっこ遊びの中で特定の場所に名前を付けたり、作ったものに名前を付けて「○○ってことにしよう」と言ったりする。飼育する動物や栽培する植物に名前を付けるよう、働き掛ける保育者も多い。園のさまざまな場に固有の名が与えられることで、そこに一体感や名づけられたものを大切にする気持ちが生み出されていく。

　小学校以上では○年○組教室や体育館、音楽室など、公的な

名前や機能を示す表現がされただけの場が多い。一方、園では、固有の表現で名づけられた場所や時間がいろいろあることに気づく。そこでは名前を付けることそのものに加え、場やものと親しんでいく過程、そこでの出来事が大事にされる。名前はその人らしさや、その場固有のかけがえのない思い出を生み出す。園には、そうした名づけがある場が豊かにあってほしい。

● ──「生きる力」育成には苦い経験も必要

バリアを越える資質を育む

　現在、バリアフリーの環境が広く普及している。このデザインによって、いろいろな人が恩恵を受けている。そうした環境が備えられた家庭もあるだろう。誰にとっても優しい環境は「どの人も参加できる」「それによって、いろいろな経験を多くの人に保障できる」という点で、素晴らしいことである。

　しかし「そうした環境に慣れることで、幼い時に段差がある場所を経験することが減っている。このことが、子どもにとって思いもよらないけがを生み出している」という話を、何人もの園長先生から伺った。

　「バリアフリーで暮らしやすい」ことと、「乳幼児期から、いつもそうした環境で育つのが良い」ことは別物。このような時代だからこそ、ある程度のバリアを自分で足を上げて越えられるようになる経験を通して資質を育てたり、自己防衛能力を育くんだりする環境も必要である。尊敬する園長先生は「園のそれぞれの空間の中でどんな動きが出ているか、動詞で見てみると良い」とおっしゃった。それによって、子どもの多様な経験の保障が見えてくる[※]。

　先日伺った園では、はいはいやよちよち歩きをしている乳児でも、園庭に出て築山に登ったり、畑に入ったりしてもよいことになっていた。

　目線の低い子どもは、野菜などを何でも手に取り、引っ張って

みる。そうしてちぎれたネギなどは、口に入れたりする。当然、苦くて吐き出すし、きれいなものではない。もちろん、保育者はフォローする。それでも、その体験を通して子どもは苦みを感じ、次にはしなくなる。

　もちろん、危険は除外する必要がある。しかし、苦い体験は、自己防衛スキルを育てる。「生きる力」を育む環境を、体験から考えてみたい。

※　安家周一×桶田ゆかり×松嵜洋子「日本の保育現場で本書の知見をどう活かすか」キャロル・アーチャー, イラム・シラージ（著）秋田喜代美（監訳）淀川裕美・辻谷真知子・宮本雄太（訳）『「体を動かす遊びのための環境の質」評価スケール』明石書店 2018

● ── 家庭も巻き込み探究深める

調べる楽しさが広がる掲示

　ある園の園内研修に伺うと、階段の踊り場に「なんでカラスノエンドウっていうなまえなんだろう？」と書いて貼られた模造紙があった。

　みんなで散歩に行った時に見つけた、カラスノエンドウ。その名前について、一人の子どもから疑問が出された。保育者は園の図鑑で調べたりするのではなく、子どもたちに「おうちの人に聞いてみよう」と投げかけられた。

　次の日、保護者に聞いたり、インターネットで一緒に調べたりしてきた子どもたちが、みんなの前で発表する。「食べられる」「実が熟すとカラスの色のように黒くなるからカラスノエンドウ」「黒くなった豆がはじけて飛んでいくのがカラスに見えるかららしい」など、さまざまな説が出てきた。

　これらの説は、付箋、便箋などいろいろな紙に書かれ、模造紙に貼られていく。それを見た子どもたちは、さらに興味を持って探究を進める。

　その後、子どもが家庭で保護者と調べた「カラスノエンドウ以外にスズメノエンドウがある」「この二つの中間の大きさの『かすまぐさ』(カラスノエンドウとスズメノエンドウの間の大きさの草という意味)もある」を、掲示に加えてくださった方もいる。

　この掲示がみんなの通る位置にあったことから、お迎えの保

護者らも立ち止まり、読んでいかれる。取り組むクラスだけでなく、園のみんなでそのクラスの活動を知り、話題にしている。園を中心に、カラスノエンドウブームが起こっている。

　子どもの問いから始まり、家庭を巻き込んで進む探究の内容を掲示することで、さらに探究が広がる。この園ではこれまでにも、こうしたことが何度もあった。保育者にとっても、実践知として共有される。これが、みんなで創る掲示の醍醐味かもしれない。

●── 豊かな遊びを時代に合わせて創る

見えない物が見える環境

　この1カ月の間、イタリアのレッジョ・エミリア市の実践やアメリカのハーバード大学プロジェクトゼロの実践について、話を伺う機会があった。そして、そこにある共通性として、デジタルツールを子どもが使うデジタルアトリエの面白さを感じた。

　現在、USBでパソコンにつなげる電子顕微鏡やWEBカメラ、プロジェクターなどが手軽に入手できる。アメリカでもイタリアでも、乳幼児がそれらを自由に使いこなしながら、髪の毛や指、葉っぱや花などの自然素材、布や織物などの繊維、紙、石といったものを観る経験をしている。通常では目に見えない細かな部分の法則性やそこに見える美しさを、乳幼児が楽しんでいる姿に出会った。

　決して、何か科学的な事柄や名称を教えるためではない。そこに潜む不思議さや美しさに驚き、ワクワクする経験である。子どもたちはその中に、命あるもののつながりを感じ取っている。ハーバード大学のベロニカ・マンシーヤ教授は「一つの惑星に住むものの命のつながりや共生を感じることが、グローバルコンピテンス」と語られた。

　電子顕微鏡で見た時には気づかなかったものも、それを写真や動画に撮り、改めて子どもたちが見ることで、さらなる気づきが生まれる。そこから子どもたちが想像を広げてその世界

に入り込み、なりきって遊ぶ大切さを、レッジョ・エミリア市のパンタ・レイ（若手教育者による協同組合組織）のアトリエリスタ（アート担当の専門家）であるマルコ・モニカさんは語られた。

　現代の子どもたちには、その時代に合った環境がある。「子どもが考え、やってみて気づくこと」「見えない物が見えた時の喜びや気づきの環境創り」に、どのように挑戦するのかが問われていると感じた。そして、その背景には、豊かな遊びの体験がある。

● ──「問い」で応えることが探究を生む

きらりと光る瞬間を捉える

　乳幼児の探究場面について、継続的に研究会で話し合う機会を持っている。乳児でも特定のことにこだわりを持てば、周りには目もくれず、その子なりに、その子らしく主体的に動く姿が見られる。

　子どもたちは言葉ではなく、自分の体を通して、即興的に環境へ誘われながら、その物や事柄を探究していくことが見えてくる。保育者には、それをいかに見取ることができるかが問われる。そこからは、保育者自身がその子の思いや心情を代弁している言葉が生まれる。

　ある副園長先生が「担任が用意した活動などにはなかなか夢中になりにくく、時には周辺にいて気に掛かる子どもたちがいる。その子がある出来事には興味を持ち、考えたり、試してみたりする瞬間がある」という姿の事例を選び出し、お持ちくださった。その子たちの探究は長時間続くものではない。それでも友達や物とつながり、関わっていく瞬間がある事例であった。

　同じことに毎日繰り返し関わり、長期間同じように見える中に変化があるような、粘り強い探究とは異なる。しかし、そうした子たちの毎日を見ると、主な活動ではうまく関われなくても、出来事に対し案じたり、不思議に思い関わったりする場面がある。

　その子たちが、きらりと光る時間は短い。それでも、そうし

た瞬間があることを保育者や職員の間で共有していくことで、その子たちに対する保育者側の探究が始まる。それによって、光る瞬間が一層見えてくることがある。

そうした時、保育者には答えや方法を与えたり、どこかに誘ったりする言葉はない。子どもの心の動きや疑問に対して、そのプロセスに沿って入り込む問い掛けをささやき、つぶやいている。子どもの問いに保育者も問いで応えることが、探究を生む。

●── 細やかな読み取りから多様な工夫

子どもの姿から「質」を考える

　「科学する心を育む保育」の具体的事例から保育の質向上を考える研修会に参加し、各園のリーダーである保育者の方々の議論からさまざまなことを学ばせていただいた。

　今回の研修では「各園の事例から読み取った子どもの姿を保育の質向上につなげていくためには、どのようなプロセスが求められるのか」を、参加者の知恵を集めて考えた。だからこそ、一般論や特定の姿でなく、自園の子どもの姿から始まり、具体的な質の向上を「見える化」するサイクルが生まれていった。

　こうしていくためには「同じ事例を子ども目線で、その子らしさやその子ならではのことが表れる姿を読み取る」「当該保育者と並び見る目線で共感したり、困り感を感じたりしながら、特定の子どもと他の子、もの、過去のこととのつながりを見取る」「その園ならではの強みを読み取る」という、三つの視点が必要となる。そこにあるのは、「その子ならでは」「その園ならでは」の全体像を細やかに読み取ることである。

　そして、それらの事例から「保育の質が高く、遊びが深まった時の子どもの表情と言葉や様子、保育者や園の姿」を思い描き、共通のイメージを持つことができる。

　そこから、保育の質向上に向けた「子どもの見取り」「対象素材の多様さ」「子どもが『もう１回』『もっと』と言える次の一歩への継続」「そこから発展し、質の異なる活動への展開」「保育

室を越えた地域や専門家との連携」「連携の子どもたちや保護者、同僚などへの発信」「長期的に思い描くことによる園文化を形成」などの工夫が、何層にも重なりながら生まれていく。

　この順序性とさまざまな工夫は、探究する子どもの姿から始まることを改めて学んだ研修であった。

●── 求められる保育の質高める連携

研究者・自治体・実践者の連携

　全米幼児教育研究センター所長のスティーブン・バーネットラトガース大学教授が来日された。そして、その話を伺い、議論する機会を得ることができた。

　バーネット先生は、国際的に有名な教育経済学者であるとともに、彼のセンターがどう働き掛ければ自治体全体の保育の質を上げられるかを考えてこられた。私たちの研究を紹介した時にも、「それは、その後の自治体や国の政策に具体的にどうつながると思う？」という質問を頂いた。研修会でも、彼は公益性を考えることが、信頼され、保育の質を実践者と共に上げる援助になると語られた。

　保育の研究者は、日本にも多い。その中で、たとえ少数事例であっても、常にその先の発展を見通しながら政策的展望を持つことの大切さを改めて考えさせられた。

　彼のセンターでは2002（平成14）年から、年間リポートで、各州の保育政策が保育の質基準をどれだけ、どのように実施しているかを数値で示し、その強みと弱みを的確に指摘することで信頼を得ている。最初は３州から、自分たちで州関係者を招いて始まった取り組みが、今では全米に広がっている。

　細かなチェックリストや指標ではなく、どのような質基準を満たす政策が自治体にとって大事かを現状から示し、挑戦できる形にしている。それが達成されれば、さらに質を上げる指標

を、時代とともに変えて提示している。研究者・自治体・実践者がどう連携するかについて、一つの方法を学ぶ機会となった。

　自治体でその実務を専門に担当している方と相互の信頼関係があることが長続きの秘訣、高い保育の質には必要な投資と長い時間をかけた持続・発展が必要と教えてくれた言葉が印象的だった。

● ── 保幼小連携、巻き込み力と後ろ姿が要

エンパワーメントするリーダー

　同じ週に二つの自治体から、保幼小の連携・接続についての研修会にお招きいただく機会を得た。私は「保幼小連携がうまくいくには、管理職である校園長の本気度と、そこに向かう後ろ姿が要になる」と話をしている。

　A市では保幼が一体となって連携することを願い、保幼小連携を「園小連携」と呼んでおられた。そして研修会は、教育長が自ら司会をして教職員に自園の取り組みを質問したり、インタビューしたりするなどしながら進められた。

　教育長が自ら会を先導する姿を拝見し、自治体関係者のあり方の重要性を感じた。そのことで、いろいろな人が巻き込まれる。担当者だけでなく、みんなで団結して取り組みを進めようとしていることが伝わる影響も大きい。

　B市では、市と大学が連携して研修を運営されている。学区ごとに保幼小の先生が車座に集まって座り、年間を通して具体的に何ができそうかを全体計画の中に埋め込みながら、話をされる。そのため、次に何をできそうかが具体的に見えてくる。学区ごとに作成したシートは複写され、参加者全員が自分の学区分を受け取り、各学校園に持ち帰る。それがあるからこそ、研修会に参加できなかった先生にも内容が伝わりやすくなる。

　B市では、この研修を教育委員会が指定研修にしたことで小学校の先生がより多く参加するようになり、パワーアップがで

きている。そこには、核となって周りを巻き込む大学の先生がいらっしゃる。

　巻き込み力が信頼につながると、人はその後ろ姿に頼もしさを感じ、「やってみよう」というパワーをもらう。いずれも、エンパワーメントするリーダーシップを感じた研修だった。日本の保幼小連携は、確かな歩みで未来を創っている。

●── 触れ合いの生まれる環境づくりが大切

世代間交流の場としての園

　2018年8月末にヨーロッパ乳幼児教育学会に参加した時、一つの園を訪問する機会を得た。その時、乳幼児と高齢者の世代間交流について取り組んでいらっしゃるオランダのTOY (Together Old and Young)プロジェクトの方から、私たちの研究チームの発表に対して声を掛けていただいた。私たちが作成した、園庭に関するブックレットの英語版※を見られてであった。

　声を掛けてくださった方は、「園庭あるいは拡張された園庭としての地域の公園などは、子どもたちだけのものではなく、保護者や地域、時には高齢者と触れ合う場になっているのでは」と指摘された。少子高齢化が先進諸国で最も進む日本においては、こうした世代間連携と地域のつながりを考えていく必要がある。

　そうした時、すぐに思い浮かぶこととしては、「敬老の日に高齢者をお招きして行事を行う」が多いかもしれない。また、子どもが高齢者を「お年寄り」として見るのではなく、「いつも園に来てくれるAさん」「〇〇が得意なBさん」といった個人名が出るような出会いを、日常的にできることが大切かもしれない。

　以前に伺った地域では、高齢者が園の中で趣味の絵手紙や習字の活動をされることで、子どもたちがそれに挑戦する姿を拝

見した。別のある園では、午睡時に保育者の研修ができるよう、その時間に地域のシルバー人材センターの方に来ていただいているという話を伺った。そこでは、赤ちゃんの時からの触れ合いが生じている。

　高齢者が子どもと向き合い何かをしてくれることがある一方で、一緒にベンチに座って並び見る関係があってもいいのではないだろうか。敬老の日を機会に、子どもにとって必要な世代間の経験とは何だろうと考えてみた。

※　東京大学大学院教育学研究科附属発達保育実践政策学センター園庭調査研究グループ 2018『子どもの経験をより豊かに 園庭の質向上のためのひと工夫へのいざない』(日本語版、英語版、韓国語版、中国語版、台湾中国版) http://www.cedep.p.u-tokyo.ac.jp/projects_ongoing/entei/

●── 保育者の観察眼と探究心が子の思いを深める

集中・夢中・熱中への道筋

　幼児の深い学びに関して、子どもがある対象にこだわりを持って関わることでそれに夢中になり、繰り返し、深く関わっていく「熱中への道筋」を、いろいろな年齢や活動事例から研究会で検討をさせてもらっている。

　ある園の3歳児クラス。2人の子が遊びとして、はさみで紙やストローを切ることを始めた。机を共有して、それぞれが思い思いに切る活動を楽しんでいる。「切れた感覚の心地良さがいいのか、そこで『ぱちん』とはじける感覚が面白いのか」と思いを巡らせながら、園長先生はその子どもたちを見つめておられた。

　一人の子は、下に置かれた紙皿に入るように紙やストローを切っている。もう一人の子は、はさみで切ること自体に夢中になっている。後者の子の切ることは続く。大きな紙箱を持ってくる。今度は切ることだけでなく、さまざまな素材を切ったものが箱に入ることにも夢中になっている。

　紙を切ることから多様な素材に合わせて力を調整しながら切ること、たまたま切ったものが落ちて紙皿に入る偶然性から、箱に入るように素材を切る意図性へと、はさみで切ることが深まっていく。一見単純な行為において、この子は各段階を楽しみ、夢中になって学びを深めて熱中していくことを、この様子を写した写真が物語っていた。

見守る側はこの変化の過程に目を向ける中で、それぞれの子の素材との関わり、活動の変容に思いを巡らし、推理して見取っている。このように子どもの姿を見取る保育者の集中した観察眼、それを面白いと夢中になって捉え、子どもの思いを探究する心、こうした保育者の見守りと熱中するマインドセットが、子どもの思いを深める保障につながると感じた事例だった。

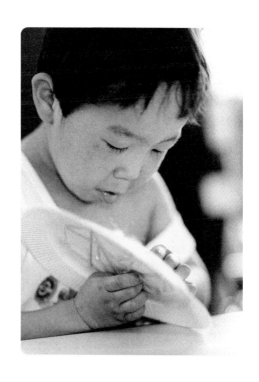

●── 創意工夫された環境など問われる

乳児保育のプロセスの質

　OECDの乳幼児教育ネットワーク会合に参加した。各国がどのようなテーマに関心があるかという議論が出た時、「3歳未満児の保育の質」についての関心が、各国から表明された。どの国でも、女性の就業と乳児保育は切り離せない話題となっている。

　子どもと保育者の間の安定した愛着関係や、安全が大事なのは当然のこと。そこに「子どもと子ども」「子どもともの」「子どもと空間」「子どもと保護者」「子どもと地域」などの関係が、どのように組み込まれているのかを問うことが大切である。

　保育園に伺うと、どの園でも創意工夫された環境が準備されている。そこにある素材の多様さ、置き方や位置などにも工夫が見える。

　先日伺った園の2歳児クラスでは、色水遊びの時に色粉をオブラートに包み、キャップの裏に入れてあった。何もない水に、色が混ざっていくことを楽しめるようにする工夫である。子どもたちは水に色が付いていくことに気づいて喜び、主体性を持って一層深く関わろうとしている。

　また、1歳児クラスでは、魅力的な遊びをしている子がいると、仲間が寄っていくためにその子の遊びが中断されそうになる。十分取り組めるよう、仕切りを工夫しその子が夢中になれる場を確保していた。

家庭との連携が記録や掲示から伝わってくる園では、保護者のニーズに応えるようにも配慮されている。歯磨きの悩みが保護者に多いと感じれば、それをさっそく掲示にして保護者に伝える。また、子どもたち一人一人のよさが、掲示の中から見えてくる。

　小規模の新設園が増えている。基準が満たされる「構造の質」に加え、「『プロセスの質』の高さとは乳児からみて何か」が今、問われているのではないだろうか。

● ── 気づきが生まれる場で関わり深める

場やものへの愛着を育む

　ある園の3歳児が偶然、1本の木の幹にある穴を見つけた。そして、その穴の形から「ハートの木だ」と言った。その子は発見したことを友達や保育者に伝えるため、大きな声で知らせている。それを聞いた他の子たちも「本当だ。ハートだ」と言って、その部分を触ったり、なでたりしている。「ハートの木」という名前が付くことで、その木との心理的距離が近くなる。

　最初は触ってみているだけだったが、その木に登りたいという子が出てくる。大人から見ると何でもない高さの木だが、3歳児には登ることが少し難しい。保育者に手助けしてもらい、登ることができると、自慢げにしている。その後、すぐに木を降り、また自力で登ろうとする。一人ができると、他の子たちも登ってみたくなる。何度か登れると、みんな大満足だ。

　名前を付けたり、触ったりすることを楽しむ子、登ることを楽しむ子、自分で降りられることに満足する子など、園内の1本の木に対しても、いろいろな関わり方がある。

　その木は、ブドウ棚の所にある。上を見上げた子が「コウモリだ！」と叫ぶ。何と、その棚から自然の葉っぱとともに、コウモリの形の飾りが何枚かぶら下がっている。

　これらを見上げながら、実際に触ってみたいと思った子どもたち。ジャンプして触ろうとする子、棒やフープを使って触ろ

うとする子など、一人一人が工夫している。その中で、葉っぱに対する気づきも生まれている。

　この場所は、そんなに広い空間ではない。しかし、子どもの気づきが生まれる場では、その子なりの関わりを深めることを通して、場やものへの愛着が育まれている。

　秋を感じる庭が、自然への愛着を深める場になってほしいと願っている。

●——園を超えたネットワークづくりに期待

地域全体の保育の質向上

　保育の質向上のためには客観的な指標で評価し、一定以上の質の保持・向上を可視化できることが大切になる。一方、地域独自の良さを生かした保育に誇りを持って自分たちで創り出すこと、地域固有の課題を開示し合って克服に向かうことも重要である。

　だからこそ、各地域で自治体や関係団体などが開催する研究会などは貴重である。最近、私が参加させていただいたものだけでも、さまざまなタイプの研究会があった。

　「複数の園が自園の子どもの遊びの発展と保育者支援の取り組みを紹介し、複数の視点から議論する研究会」「『見える化』をテーマにそれぞれの園が掲示物や記録などを持ち寄り、それらを見合うことで記録の様式や書き方などを共有し、学び合う研究会」「公開保育を見て語り合うことで、その良さと保育に関する悩みを聞く研究会」「造形表現の素材について、粘土や水彩、段ボール遊びなどを各園が担当し、相互に講師になって経験を紹介し合うワークショップ」「幼小連携の毎年の取り組みと発展を語り合う会」「園庭の工夫について写真を持ち寄り、語り合う研究会」など、実に多様である。

　大事なのは、地域ならではだからこそ、身近に感じて着想を得たり、自分ごととして考えたりできることだろう。

　私立園の中には、入園予定の子どもを近所の園に取られると

困るという理由で研修に職員を出さず、取り組みの紹介などにも抵抗を示す園もあると聞く。しかし、専門家として互いに信頼し合い、地域の保育文化を高めていくことが、その地域全体の保育の質向上に向けた学びの輪の形成につながっていく。

協働して学び合う専門家として、園を越えたネットワークを保育者たちが自らつくり出すことに期待したい。

●── ワクワクできる始まり
子どものときめきをキャッチする大事さ

　ある園の戸外遊び後の集まりの時間。5歳児の担任保育者が「先生がここでお話するから、みんながよく見えるにはどこに座ったらいいか、考えて座ってね」と、声をかけられた。直接的な指示はせず、子どもたちに座る位置を考える機会を与えている。

　少し遅くなった数人の子どもたち。すでに集まっている子たちに、それぞれ「待っててくれてありがとう」と伝えている。他の子を待たせている自覚や気配りが、その子たちに芽生えている。その言葉が、決まり文句を唱えているだけでないことは、心の込もった口調が表している。

　この日は月曜日。子どもたちが前週の活動を思い出せるように、保育者はカレンダーになった線路の絵を見せて「ウィンターフェスティバルまで、あと何日かな」と問い掛けた。子どもたちは「あと8日だ」と伝え合う。

　保育者は「四つのグループさん、先週はそれぞれこんなことしてたよね」と、活動内容を書いた画用紙を見せて語り掛けた。振り返り、見通しを自ら持てるよう、子どもたちに対する「見える化」がさりげなくなされている。

　その後、保育者は「各グループで今日は何をするか相談して、決めてから進めてね」と話された。子どもたちは「活動のために何があればいいか」を相談し、必要なものを集めて活動を始

めていった。

　この展開の中に、5歳児後半の子どもの育ちがよく見えた。子どもたちがよく考えて取り組み、試行錯誤して自分で気づくことを、保育者が大事にしているからである。

　「見逃さない、聞き逃さない、子どものときめきをキャッチする」。この園の本年度の研修テーマである。ときめきをキャッチするためには、何が必要かを深く学ばせてもらった、幸せな1日だった。

II

子どもの遊びに学ぶ

遊び込む

魅かれる気持ち

　ある乳児クラスに行くと、2本のペットボトルに水と種が入ったマラカス状のものを一人の子どもが振っていました。初めはたまたま保育者に手渡された物をカシャカシャと振り始めたのですが、よく見ているとくりかえしているうちに意図的に振っては水が移ることになんとなく気づき始めました。そして彼はまたもう1本を持ち始め、両手で振りながら何度も繰り返しました。初めは偶然だったところからそれがおもしろくなり、さらに意図的になり1本から2本へ、振り方も1本だけ振ったり2本を振ったりしていました。そこでは、顔はにこにこしているのではなく淡々としています。ですが子どもの目や動きを観ていると、心がそこに向かっているのが分かります。

　遊びが深まったりまた膨らんでいろいろなことが発展したりしていく状況が、遊ばせられて遊んでいるのではなく、自らの心が遊んでいる状況であることが分かります。そして、そのこだわりが「もっと」と思い始めることで楽しめるようになります。それこそが乳児の遊びの姿だなあと感じました。友達と何かをやっているというわけではありません。でも、そこでは一人でモノと出会い楽しんでいます。これが月齢や年齢と共に、遊びの深まりの質も変わり偶然の同じ動きが、イメージを共有し、さらには目的を共有して、と変化していきます。でも、

心の核にはこうした新たな事柄への深い関与があります。

遊びは学びに向かう力を育む

　以下の図は、私自身も調査に関わった研究です[※]。園で自由に遊び込む経験が多いほど、学びに向かう力が育っていることを5歳児3学期の姿で捉えたものです。主体的、協働的、対話的であることが深く遊び込むことにつながり学びに向かう力を育てること、このことを自信を持って保護者に伝えていきたいものです。子どもたちの遊び込むよい姿を写真やエピソード記述で共有し、理解してもらいながら、子育ての喜びを共有するというサイクルが、子どもの遊びを支える環境づくりになっていくのではないでしょうか。

※　『園での経験と幼児の成長に関する調査』より

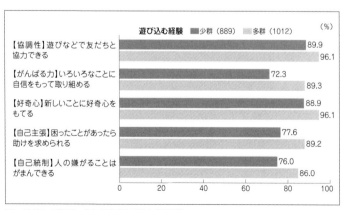

図　子どもの学びに向かう力(遊び込む経験別)
　　(ベネッセ教育総合研究所,2016)

ワクワク感による遊びの展開

遊ばされている感からワクワク感へ

　園の中ではカリキュラムに沿って、いろいろな活動が計画され行なわれます。そのときに時間の幅を緩やかに設定していると、子どもからその遊びをさらに工夫してみたい、繰り返してやってみたいという思いが生まれます。このような主体的な工夫が子どもたちなりの発想で生まれてきたときに、遊ばされている感がなくなり、自分たちで遊んでいる醍醐味やワクワク感が生まれてくるのではないでしょうか。

　真に遊べているときには「もっとこうしたい」という子どもたちなりの着想が、参加している子どもそれぞれに湧いています。子どもが環境を再構成しているのです。みんなが同じ経験をしているようでありながらも、「こうやったらどうかな」などと、それぞれが役割を生み出したり、全体の中でも自分らしさを発揮していく過程が見られたりします。そうした遊びの空気感が他の子どもを巻き込んでさらに渦のようになり、全体としてよく遊んでいる姿を生み出すように思います。

生活経験からファンタジーの世界へ

　右の写真の建物は、浜松市にある園の実践です。浜松市でいちばん高い浜松アクトタワーをみんなで見たそうです。その後、子どもが園の積み木でこの建物を作り始めました。さらに、高い建物という視点から、東京スカイツリーやパリの凱旋門、

スペインのサグラダ・ファミリアなど世界の高い建物を自分たちで作り始め、どんどん広がっていきました。しかし、これで終わりではありませんでした。

今度は、世界旅行をイメージしたのか、そこから観光旅行会社やツアーへと広がっていきました。この展開は保育者も予想していたものではありません。たまたま「アクトタワー」と言う子どもの言葉を聞いて「他に高い建物って？」と保育者が一言広げたことが展開の一つのカギにはなっています。凱旋門を知らない子どももその高いタワー作りの魅力に巻き込まれていきます。環境に子どもが関わることで生み出す声を聴き、他の子どもも保育者もそこにワクワクしていくプロセスです。生活経験を豊かにしておくことが遊びの中でのファンタジーやその共有も豊かにしてくれます。子どものファンタジーに保育者も入り込めたり、あるいは子どもも保育者が誘うファンタジーの世界に巻き込まれつつも、そこで次の着想が湧くことで、見立てたり、なり切ったり、様々な表現が生まれます。

環境を通しての保育・教育は日本が大事にしている教育方法ですが、そこでの環境は目の前の物理的環境だけではなく、幾重にもなる生活経験と見立てのファンタジーも含まれていると言えるでしょう。見立て行為に共鳴し、動きだす遊びを楽しみたいものです。

写真提供：(福)和光会　なごみこども園(浜松市)

経験の物語としての必然感がある遊び

出会いの経験の質

　遊びの中のワクワク感は、自分の思いでこんな風になるかなあ、やれるかなあと見通しをもって行動できるときに高まります。「こんなことやったら、おもしろくなりそうだ」「なんとかしてあんな風にしてみたい」「あの子もおもしろがったり喜んだりしてくれるかな」こんな気持ちが遊びの幅を広げていきます。それは子どもにとってまさに"自分ごと"としてあるからです。

　6月はアジサイやカタツムリの季節。実物のアジサイのいろいろな色に気づいたり園のどこにカタツムリがいるかを発見しケースに入れたりするときには、そこにアジサイやカタツムリとの出合いや経験の物語が紡ぎ出されていきます。保育者が「6月だからアジサイを紙で折って作るよ」と言って、子どもたちがその製作をしたり、カタツムリの丸い紙が切られていて、実物を見ることなく描いたりするのとでは経験の質に違いがあります。もちろん子どもたちはこのような活動の中でもいろいろな色の折り紙を選んだり、与えられた丸の中に自分らしいカタツムリの表現をしたりするでしょう。

　しかし、この経験は、おそらく大人から見て子どもらしい作品ができていたとしても、子どもにとってのワクワク感とは違うように思いますし、保育者が真に経験してほしいワクワク感でもないでしょう。

行事とモノづくりの関係を問い直す

　季節は違いますが、下の写真を見てください。これはクリスマスが近づいてきたときに、子どもたちが自らで作り出したクリスマスツリーです。この園では「ツリー」を一斉に作るのではなく、子どもたちが見聞きした家庭や街での経験を、「自分たちのクリスマスツリー」として作り、クリスマスを祝うようにしています。園・子どもたち独自のクリスマスを生み出すのを楽しみ、行なっているそうです。

　園の外には、多様な文化的な行事や活動の実践があります。子どもは大人と共にそれを見ています。そして、それを子どもたちなりに見た物に近づけたいと思って作ったり遊んだりします。その文化にふれてみて、心動かされ、やってみたいと思うからこそ、その活動の中にその子らしさや、そのクラスらしさ、またその園の活動らしさが生まれるのではないでしょうか。

　遊びは子どもたちが、あこがれをもちながらいろいろなことを園の内外で学び、それを取り込みながらさらに自分たちの創造性を足して表現したものです。その技や知識が大人から見れば完全ではないからこそ、そこに可能性や、おもしろい持ち味を生み出すのではないでしょうか。

写真提供：まちの保育園小竹向原（東京都）

子どもにとっての遊び場

遊び場の魅力：大人の目と子どもの目

　好きな遊びを見つけ、心が安定して夢中になれるという場所として、砂場や木陰などの戸外遊びの場はとても大きな魅力があります。それは、季節や天候、気温、光などの変化に応じて環境の違いを五感で感じられるからです。また、そこに虫や草花など、園で子どもと共生している生き物との出会いがあるからでもあります。

　あるとき、子どもたちにカメラを渡して、園庭の好きな場所の写真を撮ってもらいました。そのときに、例えば大人から見ると草花のプランターとして認知されている所が、子どもたちにとっては、「ダンゴムシがたくさんいるから好きな所」と意味づけされていました。また、すべり台の写真では、大人は横から見たすべり台の形や、下から斜面を見た物を撮りますが、子どもたちはすべり台のてっぺんで「さあ、今から滑るぞ」という瞬間の写真を撮ってくれて、すべり台を好きな場所として示してくれました。子どもたちにとっては、その一枚こそがすべり台の醍醐味だからでしょう。このように子どもたちが日々の生活の中で場に意味を与えていくということが、子ども自身が心の底から遊べる「遊び場」として、とても大事だと思います。大人が遊び場として準備した遊具や遊びの環境と、子どもが遊ぶ場所として捉えている意味や価値は一致しないことを時に意識してみるとよいでしょう。

子どもから見た遊び場の条件

8園の子どもたちにカメラで好きな場所の写真を撮ってもらいました。そこから見えてきたのは表のような8つの特徴でした。いろいろな物が選べ、同時に仲間と共に関係がつくられる場、そしてそこで挑戦をし、さらに思い出が創られる場が大事であることが分かります。同時に隠れ家や待ち合わせ場所など自分たちの出会いの場、また子どもたちが自分でルール

特徴	撮影された場所	例（子どもの説明）
a.隠れ家の性質が表れる場	倉庫裏 柵の間	見つからないから、来るかわからないから みんないないところ、ガラクタをテーブルにして話してる
b.過去の経験と関係がある場	花だん 砂場 鉄棒 なかよしランド	ダンゴムシとかバッタとか5月頃とった いつもお山を作ったりしてた 逆上がりとかして楽しかった 思い出が詰まっているから。最後の学芸会をしたから
c.多様性・選択可能性がある場	砂場 保育室	いろんなことができる 粘土とか、絵を描くところがあるから
d.他児から影響がもたらせる場	砂場 保育室 ジャングルジム なかよしランド	友だちと遊んだ、年長とやる みんながいて楽しそう、みんなと遊ぶ 年長さんが遊ぶから みんな見てくれるから
e.幼児なりの規範が表れる場	花だん ブランコ	蝶々の幼虫がいたら育てる。ダンゴムシはバイバイする 年少さんとかいないときに、たち乗りするから
f.挑戦ができる場	ジャングルジム 鉄棒	登ってジャンプする （連続）逆上がりができる、できるかどうか試してみる
g.待ち合わせができる場	玄関のクリスマスツリー アスレチック	遊戯室いくとき、よくここで待っている 他のクラスのみんなが来るから
h.願望が持てる場	蔵 なかよしランド	本当の忍者に会えたらすごいなって思って仲良しになるのかなあと思った

表　宮本雄太・秋田喜代美・辻谷真知子・宮田まり子　2017
「幼児の遊び場の認識：幼児による写真投影法を用いて」乳幼児教育学研究、
25号、P.9-21より

を決めたりつくったりした場所には思い入れがあることも見えてきます。うちの園ならどこが子どもの好きな場所になっているかなと考えてみると、遊びの多様性の保障が園庭になされていることが大事ということが見えてくるかもしれません。

遊びへの保護者の理解の重要性

家庭と連携して遊びを高める

　8月は水遊びやプール遊びなどをして活動的に過ごす時期ですが、一方で、認定こども園では、「夏休みではなく、いつも園で子どもを見てもらう方がよいのではないか」「休みなく通っているお子さんより遅れてしまうのではないか」と案じる保護者も中にはおられるようです。そうした保護者に対して、家庭でゆったり過ごしたり、日頃は行けない地域の施設などに行く貴重な経験をしたり、夏休みで会えない友達への思いをはせたりすることの大切さなどもお伝えしたいところです。

　また、保育園や預かり保育では、日常の保育では取り組めないような異年齢保育などをする機会を時には組んでみることができるかもしれません。

　保護者に園で行なわれていることの意味や、家庭との連携の大切さを知っていただくことが子どもの遊びの価値を高め、間接的にではありますが、子どもの遊びの質の向上の支援にもなると思います。保護者に、「遊び」や「遊びを通しての学び」を伝えるときに、ただ楽しく遊んでいる様子や成果としての作品などを見てもらうだけではなく、どのように遊びが深まっていくのか、保護者からは見えにくい部分や、保護者からは負に感じられるような部分も大事に捉え、伝えていくことが大切でしょう。それが、子どもが遊びで衣服を汚すことやちょっと危なく感じることをすること、またはトラブルがもつ育ちへの意

味を理解してもらうことになります。さらには、我が子に目を向けるだけではなくクラスの中で子ども同士が一緒に育っていく姿を理解してもらうことにもつながるでしょう。

遊びの過程の"見える化"と保護者も触れる実物

子育てが初めてで、どのように家では遊んでよいのか分からないという保護者に対して、園が蓄積している手作り玩具や遊びのアイディアなど、遊びの知恵を専門家として提供することが、園と家庭の連続性にもつながります。

遊びを伝えるには、文字でのお便りだけよりも、写真や実物はとても有効です。下の写真は、布を使ってどのように遊んだかを写真で掲示しています。ドキュメンテーションなどと呼ばれます。しかしこれだけでは、「へえ、こんな遊びをしたんだ」で終わる保護者が多いのですが、遊びに使った実物の布があると、触れられる保護者も多く、家庭でもやってみようという、動機付けにもなるようです。そしてそれが「こんなことをしてみました」という家庭から園への報告になり、そこからさらに話題が広がったり遊びがバージョンアップしたりします。

ぜひ遊びで園と家庭を双方向につなぐという発想を大事にしたいですね。

写真提供：(福)湘北福祉会　あゆのこ保育園(厚木市)

遊びの習熟

遊びの記憶

　子どもたちは園での経験の中で、よく覚えていることもあれば、忘れてしまうこともあるでしょう。たとえば運動会や遠足などある特定の行事の時季になると、去年やこれまでの経験を思い出したり、またある道具や素材を使うときになると、それを使ったときのことを思い出したりします。興味深いのは、前に行なっている体験がとても深く子どもたちに刻み込まれていると、時間や期間があいても、そのときには前にやったこと以上のスキルや、やり方を工夫しながら、その遊びや活動を行なうということです。それに対し、前に行なった経験がただやらされただけの浅いもののときには、その遊びの発展やスキルの習熟は見られないのです。つまりその時々に今を生きる子どもたちの経験の深さが大事といえます。

次なるゴール

　次頁の写真は、記載の園で年中組のときに、釣り好きの子どもが始めた釣りごっこや魚づくりから、皆で水族館づくりに発展した事例です。ブルーシートが海を想起し、さらに魚の図鑑などが、子どもたちの"もっと本物みたいに描きたい"という気持ちをかき立てていきます。そして皆で作ったからこそ、年少組さんにも自分たちの作った水族館を見せたいという思いになっています。

また、保育者はそのとき使用したブルーシートや水族館を段ボール箱にしまっておいたそうです。そして年長組になり、子どもたちが魚への関心をもったときを見計らって、その箱を出したのです。子どもは前よりももっと大きくて高い水族館を作りたいという思いを生み出します。二階建てにしたい、という思いから海ごっこへと子どもたちの活動は広がっていきます。

　「あ、あのとき使った、あれをやった」という記憶を思い出す手掛かりになる物を取っておいたり、類似の物を準備したりして、頃合いを見計らって出すことも大事でしょう。今度は海の世界づくり、さらに水中探検ごっこへと発展していきました。子どもたちは、水中メガネや懐中電灯を持ったり、酸素ボンベをつくったりと遊びが広がっていったのです。

　私がこの事例をおもしろいと思うのは、遊びの連続性を保育者が意図的につなげたり、あらかじめプロジェクト保育として

年中組9月

年長組9月

写真提供：(学)安見学園　板橋富士見幼稚園(東京都)

準備したりするのではなく、子どもが過去の遊びの経験によって展開していった姿です。だからこそ園で経験してきたいろいろな生活の経験がつながり、仲間との楽しさが「もっと」を引き出し合っています。

　「遊ぶことで何が学べるのか」と問う前に、遊び込むことでさらに「その遊びが子どもの手でどのようにおもしろくなっていったか」を問うてみることが、遊びの連続性であり、育ちを保障するのではないでしょうか。

自信を培う

気づきが確信になる道筋

「主体的・対話的で深い学び」としてのアクティブ・ラーニング、そして遊びのプロセス例として、「遊びの創出、遊びへの没頭、遊びの振り返り」が大事であることが文部科学省の資料でも示されました。その中で遊びへの没頭の中でも特に「試行錯誤、気づき・発見の喜び、なぜ・どうして、どうなるのかな・見付けた」から「予想・予測・比較・分類・確認として、○○かもしれない・○○になりそう、○○は同じだけれど△△は違う」、そしてさらに「規則性・法則性・関連性等の発見と活用、○○だから△△になった、○○なのは△△だから△△すると○○になりそう、次に○○するとどうなるかな」までの過程の大切さがいわれています。

下の写真は、5歳児が園の井戸から、離れた所にある砂場まで水を流し、砂場に穴を掘って作ったダムに水を入れるために

写真提供：(福)ゆずり葉会　深井こども園(堺市)

試行錯誤をしているところです。といとといのつなぎ目を支えるためには、つなぎ目と同時にそのといを支え、つなぎ目の高さをそろえることが必要になります。「この高さの丸太ではどうか、これはどうかな」などを考えながら子どもたちは組み立てていきます。このとき、まず「丸太を使えばいい」ということに気づき、次第に「そこでの高さ」を理解し、「だから低い丸太ではだめで、この高さならいけるはず」と自信や確信をもって動くようになります。

このプロセスを子どもたちがたどれるようにするためには、時間とともにそのための環境や素材と、保育者がどのように援助するかが大きく関わってきます。この保育者は「これでは、ここがぶかぶかしてうまくいかないね」と事実として着眼点や課題点は示しても、あとは子どもたちに委ねることで、子どもたちは皆でその課題を追究していました。

構造化して共有を図る

このような関わりは多くの保育者が気づいておられます。しかしそのポイントを自分たちの言葉で表現して「見える化」し、共有するための図を作って見ている園は少ないのではないでしょうか。次頁の図は、この園の保育者が毎年洗練させながら、子どもの探究の中で、特に「気づきが、自信や確信に変わる瞬間を見つめ、その足跡をたどること」を園で共有するために作られた構造図です。事例を基にしながら、このように自分たちなりの整理をしてみることで、若い保育者も保育の見方を考えたり、また皆で子どもの遊びの展開を価値付けたりすること

ができます。遊びがつながり、発展するためのポイントを皆さんの園でも事例を持ち寄り考えてみてはどうでしょうか。それが、園全体で子どもの遊びを育てていくことにつながると思います。

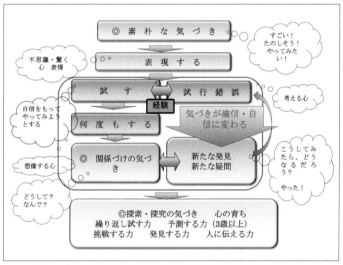

図提供：(福)ゆずり葉会　深井こども園(堺市)

つながっていく遊び

遊びがつながること

　過去に遊びで使った素材と同じ物を見たとき、繰り返し遊びが始まり、さらに深まっていく様子が、年度を越えても見られることを、水族館ごっこを例に「遊びの習熟」として紹介しました（P.103-105）。子どもたちが自らの手で遊びをつなげていくことで、遊びに深まりや「もっとこうしてみよう」という気持ちが生まれます。また経験が繰り返されることで、その素材に関わる技が深まります。ジョン・デューイは『経験と教育』という著書で「あらゆる経験が続いて起こる経験の中に生き続けるのである。経験の基礎の上に立つ教育の中心的課題は後続の経験の中に多産的また創造的に生きるような種類の現在の経験を選択することにあるのである」と述べています[※]。一つの経験が他の経験につながって発展していくことは、経験を通した学びにおいて大事なことです。

三つ編み経験の展開

　それを写真などで記録しておくと、その広がりが見えてきます。次頁の5枚の写真を見てください。

　ある子どもが三つ編みを始めた（①）のをきっかけに、皆がやってみたくなります。保育者は編むためのひもを取りやすく美しく編めるよう環境を準備（②）したことから5歳児クラスの中で三つ編みがブームになります。その後、秋のイモ掘り

で長いツルを見た子どもたちは(③)、そのツルを三つ編みして縄にし(④)、いろいろな遊びを始めます。そしてリース作りにおいても(⑤)、この編む経験が生きているということが分かります。さらに5歳児たちは年下の子どもたちにプレゼントしようと作り始めます。「三つ編み」という一つの遊びが、多様な経験へと発展していくことが見えてきます。これらは、最初三つ編みをおもしろいと思ったことから、つながってできた子どもたちの学びの物語です。

写真提供：(福)湘北福祉会
あゆのこ保育園(厚木市)

一人の子どもの経験だけではなく、クラスの中に一つの技としてつながり共有することで、今度は皆で力を合わせてその技を生かし、いろいろな遊びや暮らしの経験へと広がりました。そしてそれがおもしろい、うまくいったと思うと、子どもたちはさらにクラスを越えた子どもたちとも分かち合いたいという気持ちになります。

　一つの経験からどのようにつながっていったのかを、気づいた瞬間に写真に収めることで、「多産または創造的に生きる経験」とはどんな経験かを、園の職員皆で実感しながら共有できるといいと思います。メインの遊びだけではなく、くらしの中の多様な経験が次の活動に広がることが見えてくるでしょう。

※　ジョン・デューイ 市村尚久(訳) 2004『経験と教育』講談社学術文庫

ルールと遊び

遊びにおけるルールと想像性

　これからの子どもたちに求められる資質の一つに創造性があります。様々な仕事が人工知能や、機械によって自動化されたとしても、創造性が求められる仕事だけは残っていくといわれます。その創造性は想像性として、いろいろな物を組み合わせたり、新たな事象に挑戦したりすることから生まれます。では、その創造性（＝想像性）はどのようにして育つのでしょうか。

　例えば、子どもたちは園の中で多様な「遊び」を経験しています。図は、遊びに関する様々な研究を行なっているレゴ財団が紹介している遊びの分類です。ルールに従う（ルールで勝敗や得点などが決まる）ことで楽しめるゲーム遊び、子ども同士が協働してルールをつくり、関係性を深めながら行なう共同遊び、自由な発想から生まれる自由（ごっこ）遊び、積み木や製作活動などでもよく見られる、既にできている物を一度崩してみることで、新たな物を考え出していくような挑戦的遊び、というように、大きく4つに分けることができます。

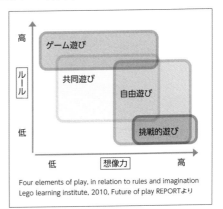

Four elements of play, in relation to rules and imagination
Lego learning institute, 2010, Future of play REPORTより

しかしこれは、何遊びはどこに分類される、というものではありません。例えば、球技やカード遊びなどのように、ルールは決まっている遊びでも、自分たちでルールを付け加えたり、今あるルールはやめていろいろ新たなルールを考えついたり、遊びに使うボールやカード、遊ぶ場所を自分たちで作ったり決めたりすることもあります。また、ごっこ遊びでもお店や役割を忠実に模倣して演じるだけの遊びではなく、新たな登場人物を生んだり、おどけて演じたり、日常的にはありえないことを考えたりします。つまり、遊びは様々な要素が関係し合い広がっていくものなのです。

遊びの広がりと想像性

この遊びの広がりの中で創造性から想像性が生まれてくる場面はいろいろあるでしょう。下の写真は、子どもがお店屋さんごっこの活動からタクシードライバーを考えつき、そこからさらにガソリンスタンドができて…といろいろな工夫が生まれていった姿です。園で毎年お店屋さんごっこを行なっているとしても、さらに保育者が支援して子どもの想像力を引き出すことで様々な活動が生まれると思います。

ルールから生まれる想像力、こんな視点から時に子どもの遊びを見てみてはどうでしょうか。

写真提供：錦浦幼稚園(明石市)

戸外遊びと園庭

戸外遊びのための多様性

　冬になると、どうしても戸外よりも室内での遊びの時間が多くなりがちです。私たちが以前に行なった調査では、冬は春や夏に比べて子どもたちの起床時間が遅くなっていること、また運動能力があまり高くない子どもほど、冬の戸外活動が少ないという結果があります。

　しかし冬こそ、天気の良い日には陽だまりの中で遊ぶ時間を保障したいものです。正月ならではのたこ揚げやこま回し、この季節だからこその縄跳びや押しくらまんじゅうなど、ほんの少しでも運動遊びの場の工夫があれば、子どもたちは協働して遊ぶことができます。

　また、園のある地域にもよりますが、霜柱を見つけたり、氷作りなどの遊びを楽しんだりすることもできます。冬こそ園庭の環境の多様性が大切ではないでしょうか。さらに私たちが行なった園庭に関する調査によれば、園庭の広さは地域や園によって大きく異なりますが、それ以上に子どもにとってどれだけ多様な遊びが保障されているかが大事である、という結果が出ています。

改善の工夫

　園庭などの共有空間では、一人ひとりの保育者の努力だけではなく、園として皆で振り返ったり相談をしたりして改造をし

ていくことがとても大切になります。限られたスペースでも、いろいろな発見や工夫をすることで、子どもの遊びもより豊かになるのではないでしょうか。園によっては環境全体を振り返る研修や記録の工夫など職員全体で課題意識を共有し、そこから土地の高低や植栽、虫や鳥などが来るようにするといった工夫を試み、さらには子どもたちや保護者をその工夫づくりに巻き込む工夫などをしていました。

　また遊具や素材などを可動式にすることで、いろいろな工夫を行なうことができます。写真はイタリアのレッジョ・エミリア市で見せていただいた園庭の工夫の一つです。様々な音の鳴る場所があることで子どもたちは「楽器は室内」という思いにとらわれず楽しむことができます(写真①)。また様々な組み合わせができる木の素材などを活用することで構成的な遊びへと発展もできます(写真②)。

写真①②：園の許可を得て筆者撮影掲載

この空間は〇〇のために使う場所、〇〇遊びの場所と大人が決めてしまうのではなく、新たな素材を入れてみたり、レイアウトを光の位置や気候などとともに変えてみたりすることで、子どもたちは園庭に興味をもち、誘われて出るようになるのではないでしょうか。園庭がないという園は、地域の公園や近くの学校の校庭なども、園庭として広く捉え、そこでの良さを考え、生かしてみるとよいと思います。

コーナーにある道具への工夫

コーナーと道具

　ごっこ、絵画や造形、科学、音楽など園によっていろいろなテーマのコーナーが環境としてつくられていますが、「このコーナーにはこの道具や素材」というようにおおむね決まった物が置かれていることが多いように思います。そうしたコーナーの良さは、子どもたちがいつも「あそこであれが遊べる」と予測し、安心して遊べるということにあります。しかし、海外と比べると、日本の園では、コーナーがあまり固定されていません。子どもの活動に応じて、拡張や変更がなされているのだと思います。なので、そのコーナーの道具や素材にもっと目を向けてみると、より遊び込める工夫ができるのではないでしょうか。

　例えば、ごっこのコーナーにシェフや板前さんの帽子、ネクタイなどが置かれた途端に、男の子がその役になり切ってごっこコーナーで遊ぶ姿が見られます。以前にドイツと日本で、ままごとコーナーの遊びの様子を記録したDVDを交換して、研究をしたことがありました。そのときにドイツの保育者から指摘されたのが、ジェンダー※という視点でした。男女によらず、誰でも遊びやすいか、という視点は大事だと感じました。

※　芦田宏・秋田喜代美・鈴木正敏・門田理世・野口隆子・小田豊 2007「多声的エスノグラフィー法を用いた日独保育者の保育観の比較検討」教育方法学研究, 32, 107-117.

　同じままごとコーナーでも、5歳だからこうした細かな素材を

置こう、3歳だから見立てがしやすい物を置こう、といった年齢への意識が見られる園があります。さらに、冬になると、鍋やたこ焼きなどの温かい物が置かれているコーナーがあったり、うどんやお好み焼きなど、その地域らしい素材や道具が置かれていたりする園もあります。このように、多様な視点からコーナーの道具や素材を見直すと、新しい遊びの広がりが生まれてくるでしょう。

絵本コーナー

BACH代表・ブックディレクターの幅允孝さんのお話を伺うことがありました。乳幼児向けのコーナーには、乳幼児向けの絵本をという発想をやめ、とてもおしゃれなファッション誌や、自然や昆虫などの図鑑、デザインの専門書などもそのコーナーに置いてみたそうです。色合いが大変きれいな大人の本を子どもたちは喜んで手に取り、そこから着想を得て遊びに取り組み始めました。

絵本は絵本コーナーで読む、というだけではなく、時には写真のように、階段を活用して昇り降りしながら『かわ』の絵本を見られるようにするなど、様々な工夫が新たな出会いを生み出します。

室内にいる時間が多くなる冬だからこそ、いろいろな試みができるといいですね。

『かわ』加古里子　作・絵　福音館書店
※『絵巻じたて　ひろがるえほん　かわ』もあります。
写真提供：(福)ゆずり葉会　深井こども園(堺市)

体を動かして遊ぶ

多様化と洗練化

　乳幼児期には、様々な形で体を動かして、友達と一体になって遊ぶことが、心身を培っていくうえでとても大事なことだと思います。家庭生活の中ではそうした機会が少なくなり、子どもが園で過ごす時間が長くなるほどに、園で体を動かして遊ぶことがとても大きな意味をもっていると考えられます。

　宮城教育大学附属幼稚園にお邪魔しました時のことです。そのときに、「子どもが夢中になって遊ぶ環境とその援助」と題し「幼児期運動指針」の「多様化・洗練化」に注目して子どもたちの体を動かす遊びを見取る研究をされていました。二つの点で探求されていることが参考になると思ったのでご紹介してみたいと思います。

　まず一点目は、体を動かす遊びの中に多様化と洗練化の視点を取り入れていることです。「幼児期運動指針」にあるように、多様化（多様な動き）とは、「体のバランスをとる動き（立つ、座る、寝転ぶ、起きる　など）」、「体を移動する動き（歩く、走る、跳ねる、飛ぶ　など）」、「用具などを操作する動き（持つ、運ぶ、投げる、捕る、転がす　など）」など、動きの多様性です。そして動きの洗練化とは、リズム感覚やバランス能力、変換能力、連結能力、定位能力、識別能力など複数の要素を組み合わせるコーディネーション能力です。この二つの要素は、「どんな動きの遊びが保障できているかな」と、新年度に向けて環境や活

動を考えてみるのに参考になるのではないでしょうか。それによって、新たな遊び環境の工夫が生まれるように思います。

「気持ち」と「動き」に応じた手立て

なるほどと思った二点目は、保育者が「子どもたちはどれくらい夢中になって遊んでいるか」という、遊んでいるときの子どもたちの「気持ち」と、実際にはどれくらい多様化、洗練化された「体の動き」があるかを見られており、個々の子どもの「気持ち」と「動き」に対応した手立てや支援を具体的に考えて、それぞれの子どもの育ちを丁寧に保障されていることでした。

図に示すように、Ⅰ気持ちも動きも共に高い子どももいれば、Ⅲ気持ちは没頭していないが動きとしては高い子どもなどいろいろな子どもがいます。実際に自分のクラスの子どもた

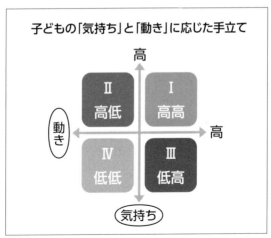

宮城教育大学附属幼稚園紀要2017

ちを考えてみて、例えば4歳児の場合に、Ⅰの状況の子どもの手立てとしては発展・挑戦、Ⅱには、展開の繰り返しの保障、Ⅲには安心・挑戦・達成、Ⅳには関心・意欲・経験を意識する、というように各象限のそれぞれの子どもに応じて支援する手立てを考えておられました。どの子もその子らしく動きのある遊びを高めていける手立てを皆さんの園でも考えてみてはどうでしょうか。動きのある遊びを豊かにすることで豊かな心の育ちを保障したいですね。

III

園からの・園での
コミュニケーションを
みつめて

メディアのいろいろ

デジタル時代のコミュニケーション

　園の保育の方針や実践を園内で職員や子どもと共有したり、保護者や一般の方に伝えたりするための一工夫について、スマートフォンやタブレットの普及により、インターネットを通じて写真を見合うことができるなど、いろいろなことが可能な時代になってきました。そこでここからは、みんなで子どもの育ちを共有して喜び合ったり、学び合い育ち合ったりするためのコミュニケーションについて、焦点を当てて考えてみたいと思います。まず、保護者の方や社会への発信について、次に園内での同僚同士の共有の工夫について考えていきたいと思います。前者の発信では、HP、園便り、クラス便り、連絡帳、保育活動のドキュメンテーション、個人の育ちの記録であるポートフォリオなどがあります。また後者の共有の工夫には、短期、長期の計画と実践過程の記録、研修の記録などいろいろな記録があります。次頁の図は、保護者が園便りやHPをどのようにご覧になっておられるかの調査結果です。

なぜコミュニケーションのメディアやシステムを問うのか？

　デジタル時代だからこそ、省力化という発想よりも、保育者の専門性や園の実践の知恵がよく表れている一つの姿がこのコミュニケーションのあり方にあると思います。良質な保育に向けていろいろな努力をされている園にはこだわりがあります。全て電子

化するのではなく、やはり手書きの方が味があるとか、ここは対面で直に、など保護者の皆様は意識してうまい使い分けをされているように思います。東京大学発達保育実践政策学センターの調査結果からは、通常の保育におけるICT(情報通信技術)ツールの活用は、保育者の職務負担感の軽減との間には明確な関係は今の段階では必ずしもはっきりとは見られていません(高橋他、2017)。それぞれどんな言葉で何を誰が書くのか、どんな書き方をするのかは園の判断に任されていますし、意外なほど伝統的に踏襲されていて園の文化となり、そこで働く人の意識も表れます。

しかし一方で、園の活動の詳しい情報を出せば保護者に見てもらえる訳でもありません。多様な保護者がおられ、また多忙化されている状況だからこそ、読みたいと期待されるものであることが、大事になってきています。お便りや連絡帳の書き方、ドキュメンテーションやポートフォリオの作り方などいろいろなノウハウ本も出ています。それらはとても役立ちますが、自園のこだわりにさらに+1(プラスワン)的な発想があるとよいのかなと思います。

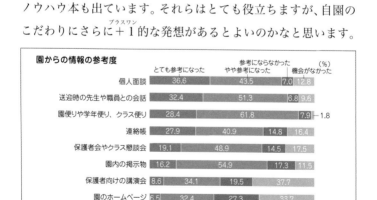

「園での幼児の経験と成長に関する調査:幼稚園・保育園・認定こども園などで、卒園直前の年長児をもつ保護者、約2,000名が対象」ベネッセ教育総合研究所,2016
http://berd.benesse.jp/up_images/research/Encyosa_web_all.pdf

園の特色や理念が伝わるホームページ

園の考え方とホームページ

　園便りが園の保護者を対象にしているのに対し、ホームページ(以下HP)はそれに留まらず、これから入園する未就園児の保護者やその園への就職希望者も含まれていますし、一般の人も閲覧できるのが大きな特徴です。最近では引っ越しなどで転園先を選ぶときに最も活用されるのがHPだとも言われています。そこには園の理念、年間行事、アクセスなどの常設して掲載されている項目と、行事や活動、日々の保育の様子などを文や写真で伝え、更新されていく項目とがあります。どれだけ更新するかによって、保護者のHPを見る回数が違ってきます。また、その時々に直接口頭で伝えたり、子どもから聞いてもらったりすることが大切だからあまり細かな内容まで掲載しないと考える園もあれば、できるだけ具体的な様子を伝えて保護者に理解してもらいたいという園もあります。みなさんはどちらの考え方でしょうか。

ホームページの文章の書き方のいろいろ

　私たちの共同研究チーム(辻谷他、2016)では、15の幼稚園に協力をいただいてどんなふうにHPに書かれているのかを分析してみました。その結果、主に三つの書き方がありました。一つ目は「自由あそびは、子どもの興味・関心を広げたり、友達との関わりを深めたりする大切な時間です」というように、園

としての事実を中心にして写真などもそれに合ったものを入れる書き方、二つ目は「一人ひとりの興味や、友達同士の共感に従って遊ぶ時間と、クラスやグループで共通のねらいをもった活動とで、一日が成り立っています。…いずれもゆとりのある時間の流れの中で、自分で考える力が身につくことを大切にしています」とねらい・意図・理念にふれ、保育者の思いや考えにふれる書き方、三つ目は「ウサギやザリガニやカメ、そしてモルモットなどたくさんの生き物が子どもたちの好奇心をかき立てます。『ウサギさんおはよう』『またあしたね！』と生活を共にします」と子どもの言葉を使って、子どもの思い

園のHPの一例
(学)ひかり学園　美山幼稚園(川西市)

や考えにもふれながら、園で価値を置いていることを保育者の一人称で伝える書き方です。園によって、また書き手の保育者によっても三つの書き方に違いが見られます。もちろん保護者が知りたい内容や教育方針がきちんと載っていることが大切なのは言うまでもありませんが、保育の中心である、価値や意味をどう伝えるかを意識して考え、書けるといいですね。

　また、このような三つの書き方によって保護者の受ける印象にも違いがあるという結果が得られました。HPを使って何を誰に宛てて伝えるのか、それによって違いがあります。このような視点から一度、園のHPを見てみませんか。

＜引用文献＞
辻谷真知子・秋田喜代美・砂上史子・高木恭子・中坪史典・箕輪潤子 2017「幼稚園ホームページの記述スタイル：子どもの姿を描く、常設の項目と更新する項目に着目して」国際乳幼児教育学研究,23,73-88.

ホームページなどの写真や動画

分散化した有効なメディア利用

　デジタル時代になって、HPでも園の情報を写真や動画でアップすることが多くなっています。これはリアリティのある姿を広く多くの人にお見せできるというメリットがあると同時に、情報保護の問題なども出てきます。そのため、公開ページには園舎や環境の写真を掲載するにとどめ、パスワードなどで仕切りを設けて、保護者など関係者だけが園での保育中の写真を見えるようにしたり、HPやFacebookなどで載せる情報を使い分けるようにしたりしているという園も少なくありません。一方、動画などで「こんな場面もあるのです」とけんか場面なども含め、そうした経験を通しての育ちなど、保育の理念を伝えようとされている園もあります。皆さまの園では、どんなことを意識して社会に発信する情報を使い分けておられるでしょうか。これからはメディアをうまく使い分けることで効果的に伝えたい人に、伝えたい内容が伝わるような工夫ができるようになることや、そうした園としてのメディアやツールの使用戦略をもつことも必要だと思います。

日々の活動記録の共有とともに伝わる保育観

　撮影した写真は、1枚ごとではその瞬間ですが、つなぐことで短時間から短期、さらに長期の時系列での子どもたちの育ちを映し出す鏡となります。それは保護者には、日中見えていない子どもの姿を届けるものになります。ここで大事だと思う

のは、掲示の場合、繰り返し見るためというよりは、ある情報を知るためということが多いのに対し、HPだとゆっくりと見たり改めて意味を考えたりすることができるのではないかということです。例えば下の2枚の写真は、公開されているすぎの子保育園さんのHP「遊びすぎの子新聞」からの写真です。山登りに出掛けた子どもたちの様子から始まり、登頂までを実際のエピソードに沿って写真を紹介されているのですが、その中にはさらに小さな出来事も含まれています。1枚目の写真には「こういう所に登るのが」と短い文ですが付されており、2枚目の写真では「大好きなのだ！」と添えられています。また黙々と山登りをしていく子どもの姿に対しては「ひたすら」「歩く」と書かれています。それぞれの一言が子ども目線、あるいはその子どもたちを見ている保育者の目線からの言葉になっています。それによって、こういうことあるよね、と思いながら、時に子どもらしさや皆でする寄り道の楽しさ、山登りの挑戦を伝える写真になっています。

記念撮影的な集合写真も一つの記憶になりますが、保育者ならではの子どもの専門的見方を伝えていく機会の一つとして、その園ならではの写真掲載の意味もあるのかなと思います。壁面などでの掲示の写真とHPの写真、あなたの園ではどんな風に違いますか。

参考URL：遊びすぎの子新聞（兵庫県）
(http://astokblog.jp/blog8/suginoko/)

声が届くメッセージの発信のために

メッセージが伝わる工夫

　園の方針や出来事をHP、園便り、クラス便りなどで伝えるときに、これまでに紹介しましたように、写真はアクチュアリティ（現実性）を示す上でとても大切です。文章も適切な情報量とともに、読みたくなるようなインパクトがとても大事になります。そのためには、「伝えたつもり」ではなく、メッセージとしての声が届く工夫が大事だと思います。皆さんの園ではそのために、どのような工夫をされていますか。メディアその物やその発信の仕方の工夫がこれからさらに必要とされるのではないでしょうか。

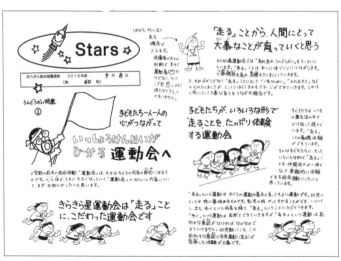

(学)黒田学園　きらきら星幼稚園(行橋市)の了解を得て掲載

このような問題意識をもち、学会シンポジウム※を共同研究チームで行ないました。そのときに、きらきら星幼稚園の黒田秀樹園長が指定討論者として、伝えるではなく、伝わる読みたい園便りとは「保育者の願いや思いに対して、保護者から『そうそう！』『そうだよね！』『そうかあー！』という言葉が出るような、共感と連帯感が広がるコミュニケーションツール」ではないかと定義してくださいました。そしてそのために「①手書きにこだわる②タイトル重視③頻繁に届ける④気軽に読める」を４つのポイントとしているとお話ししてくださいました。「手書きにこだわる」は、いくらパソコンが広がっても園便りやクラス便りでは親しみが湧くとして、こだわっている園もありますし、挿絵を入れる、紙面をびっしり埋めないよう余白をつくるなどの工夫をされている園も多いようです。

　前頁の資料は、黒田園長による手書きの運動会の園便りです。手書きの味と挿絵からも「読んでみたい」という気持ちになります。またこのお便りの特徴としては、運動会は保育の中で何を育てるのか、走ることの意味など、この行事の活動の意味がメッセージとして込められています。また、文字の大きさで何を訴えたいのかもよく分かります。

共有できる対話の場としてのメッセージボード

　お便りでもHPでも読むときには、基本それぞれが一人で読むことを想定して配布したり掲示したりしていることが多いです。ところが、次頁の写真のようなメッセージボードをきらきら星幼稚園では、お迎えのときの園庭に置かれるそうです。

この場合、廊下や玄関に出したボードを見る、読むことが、保護者の集いや対話、保護者と子どもの対話を生む空間になる可能性があることが分かります。

学びの物語を中心としてドキュメンテーションとして記している場合はよくありますが、お便りは家に持ち帰って読む、というだけではない工夫ができると、メッセージのインパクトがさらに強まるのではと思います。

※ 日本乳幼児教育学会第27回大会自主シンポジウム『保護者に保育を伝えるコミュニケーションシステム』2017年11月西南学院大学開催

きらきら星幼稚園のニュースボード
写真提供:(学)黒田学園　きらきら星幼稚園(行橋市)

教育とケアを伝える園便り

夏休み明けの園便り

　園便りに関する本を見ると、書き出しの文例や挿絵、書き方などについてはたくさんの事例が紹介されています。しかし、私はそれだけではなく、教育的な活動を保護者に説明するとともに、子どもたちへのケアの視点を保護者に伝えることも大事だと思っています。このことを９月の園便りを例にとって見てみたいと思います。子どもたちにとっては夏休みを節目に大きく育つ時期であると同時に、運動会をはじめ行事もいろいろとある時期です。都内某区立幼稚園のHPにアップされている同一年度９月の園便りを全園分拝見させてもらいました。

　すると、園によって書き方はもちろんいろいろですが、興味深い特徴的なトピックが２点ありました。一つは夏休み中の園の様子や、園長先生をはじめ先生方の経験を伝えるパターンです。例えば「＊＊組広々大作戦」として、保育室を片付けて環境を変えたことが報告されていたり「夏の間、園で一番元気だったのはスズムシでした。またブドウのツルの勢いが止まりません。見上げてみてください。…今年はたわわです」といった園庭の自然に気づくような報告がされていたりする園便りです。新たな気持ちで登園する保護者や子どもたちへ、夏休み中の環境の変化に視点を向けています。

　もう一つのパターンは、秋は運動に適した季節だからこそ、運動の大切さを伝えるお便りです。「スポーツの秋、運動の秋

の始まりです」としてなぜ幼児期に体を動かすことが大事なのかを「幼児期運動指針」などを基に説明をしたり、家庭にも日常生活の中で歩くことや親子運動をしてみませんかと呼び掛けたりしています。また、園でも各年齢でこれからこんな活動をやっていきますよということを伝えています。

子どもの気持ちの代弁者

　その他、休み明けの子どもたちへの配慮やケアにふれられている園便りも少なくありません。「久しぶりの園生活に緊張したり戸惑ったりする子どももいると思いますが、少しずつリズムを取り戻すようにしていきたいと思います」「待ってましたとばかりに登園する姿もあれば、中には多少の戸惑いを見せる姿もあることでしょう。季節の変わり目で疲れが出やすい時季でもあります」「休みが続くと（大人でもそうですが）『幼稚園

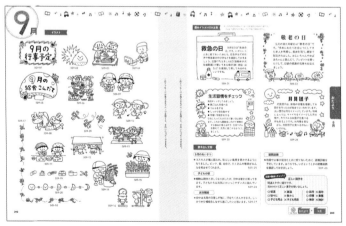

園便りに関する本の例：『5歳児の保育』（ひかりのくに）より

に行くのが嫌だなあ』とブルーな気持ちになったり『もう少しおうちで過ごしたい』と不安になったりするでしょう。園生活のリズムを取り戻していくのはそれぞれのお子さんによって様々です」といった内容です。

　園便りは保護者宛てのメッセージですが、そのときに何を園でするかだけではなく、保護者が見通しをもてるように、時期に応じて子どもたちの中に生まれる気持ちを伝えることが大切ではないでしょうか。あなたの園では子どもの気持ちやケアの言葉をそれぞれの時期にどのように語っておられますか。

伝えるメッセージのポイント

運動会で伝える保育の意図

　9〜10月には運動会行事に取り組む園も多いでしょう。運動会はいろいろな行事の中でも、子どもの育ちの姿がよく見える、つまり園での育ちの成果が見える活動であるとともに、保護者が応援したりお手伝いしたりと参加する機会のある行事です。だからこそ、園としてねらいや、準備の過程、保護者にしてほしいことの伝え方や、当日の子どもの姿の伝え方を考えることは大きな意味をもっています。

　何を伝えるのかは各園ごとに決まっていて例年通りということも多いので、園にとっては自明かもしれません。けれども、園便りをいろいろ集めて拝見すると随分違いがあることが分かります（箕輪,2017）。多くの園で保育のねらいや方針、考え方を伝えていますが、子どもの姿に関しては、何を書くのかには違いが見られます。大別すると、子どもが行なう活動の内容を伝える園「例『今年は＊＊の曲に合わせて踊ります』」、子どもの動きや表情を伝える園「例『真剣に走る子、周りの応援に手を振りながら走る子など、様々な姿を見せています』」、子どもの姿から保育者が捉えている育ちや経験を伝える園「例『できた』『友達と一緒に行なうのが楽しい』という実感が喜びや自信を育てます」などがあります。

　また保護者へのお願いやマナー、注意事項を細かく書くことによって、協力をお願いするとともに園として保護者を育てる

意識があることを伝えている園もあることに気づきます。例えば「運動会の見どころ・目のつけどころ：ほんの一瞬のいい顔を見逃さずに、ぜひ目で見てください。カメラやビデオをのぞきながら見るのとでは、全然違いますよ。記録より記憶。」というような書き方です。皆さんの園では保護者と共有したいことはどのようなことでしょうか。

伝え方の一工夫

　伝えたいことと伝え方の表現とはセットです。文末表現で心理的距離も変わります(箕輪,2017)。

●参加の依頼(「共に」を示して促す)

　「親子で力を合わせて、勝利を目指して頑張り<u>ましょう！</u>」

●参加の依頼(同意を求める・語り掛ける)

　「おうちの方に頑張っていただく競技もありますので、張り切ってご参加ください<u>ね</u>」

●感想の伝達(同意を求める)

　「４月からの成長を感じる一日でした<u>ね</u>」

●見てほしいものの伝達(注目を促す)

　「子どもたちの作品が、運動会をすてきに飾ります<u>！</u>」

●感想の伝達(注目を促す)

　「伸び伸び思いっ切り楽しむことができた運動会となりました<u>！</u>」

●感想の問い掛け(同意を求める・語り掛ける)

　「いろいろな姿を見ていただけたのではないで<u>しょうか</u>」

　また、絵を入れる(右図)、手書きにするかパソコンを使って

書くかでも与える印象は違います。メッセージに合わせて工夫をしてみたいですね。

注: 箕輪潤子 2017「保育の意図が表れるお便り：運動会前のお便りに焦点を当てて」日本乳幼児教育学会第27回大会自主シンポジウム『保護者に保育を伝えるコミュニケーションシステム』資料

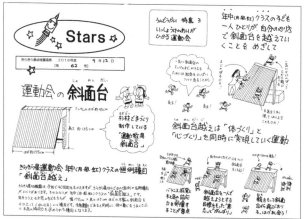

（学）黒田学園　きらきら星幼稚園(行橋市)の了解を得て掲載

連絡帳のIoT：Society5.0に向けて

Society5.0って何？

　この言葉を聞いたことのある方はどれぐらいおられるでしょうか。狩猟社会(Society 1.0)、農耕社会(Society 2.0)、工業社会(Society 3.0)、情報社会(Society 4.0)に続く、新たな社会を指す言葉です。平成28年に第5期科学技術基本計画において我が国が目指すべき未来社会の姿として初めて提唱されました。「IoT(Internet of Things)※で全ての人とモノがつながり、様々な知識や情報が共有され、今までにない新たな価値を生み出す」社会です。

　スマホの発展とともに様々なところでIoTが進んでいます。保護者とのコミュニケーションにおいても、デジタルで記録が残ることで、それを編集するなど多様な使用が可能となること、また双方向性が確保しやすいことといった利点から、いろいろなアプリも開発され使われています。ただし、その良さが語られる反面、そうした機器に慣れていない人や経済的にふれにくい人が阻害されないような配慮、子どもの個人情報保護の問題なども議論されるようになってきています。保護者と保育者のコミュニケーションにおいてこうしたIoTが保育に何を生み出すのかを、考えてみたいと思います。

連絡帳のIoT

　乳児クラスの連絡帳を、園独自の意図やフォーマットで業者

に依頼してデジタル化した金沢市の(福)龍雲寺学園　バウデア学舎の様子を見てみたいと思います。次頁の図のような形で、保護者にその月の子どもの姿を発信しておられます。これは10か月で入園したばかりのときの様子です。入園間もない時期なので、できるだけいろいろな場面を紹介しています。その中にはお子さんがつかまり立ちしている場面など、大事な瞬間も捉えています。

　保育者が保護者に代わって子どもたちの「できた」場面を捉え、それを実際に写真で共有しています。1歳3か月児の記録では、出来事の流れを写真で丁寧に追っていますが、ただあったことの連絡だけではありません。記録写真を使って、子どもを見る際の視点を保護者に提供したり、園の全体計画に基づいた様々な領域の経験を子どもたちができるように配慮していることを保護者に伝えたりすることを工夫されています。

　またベテラン保育者からは、これまでは情報発信だけであったものが、特定の子どもの育ちを連続で見ることができるので、若手保育者が子どもの育ちの見通しをもつことにも役立つのではないか、という意見もありました。写真は多くの園で活用されるようになっていますが、IoTなどを利用しながら、子どもの育ちを共有していくことが大事なのではないでしょうか。

※　IoT：これまでのようにパソコンや携帯電話だけではなく、テレビやエアコンなど、身の回りのあらゆるモノがインターネットにつながり、相互に通信を行なう仕組みのこと

龍雲寺学園・バウデア学舎　2017. 10. 31

ひよこぐみ　　Aちゃんのあゆみ
(1才)

〈健康〉

　入園して1か月が経とうとしています。「んー」と大きな声を出して保育教諭を呼び、自分のしてほしいことを伝えたり、嫌なことは首を振って知らせてくれます。園生活にも慣れてきて、笑顔であそぶ姿が増えて嬉しく思っています。好き嫌いがはっきりしているかほちゃん、自分の食べたいものを指差して知らせ、保育教諭と一緒にスプーンを持って食べており、少しずつ自分ですくって食べられるようになったらいいな、と思います。これからもかほちゃんが安心して園生活を送れるようにしていきますね。

資料提供：(福)龍雲寺学園　バウデア学舎(金沢市)

連絡帳の電子化

子どもを見る細やかなまなざしの共有

　情報化の進展によって、デジタル機器が手軽に使用できるようになりました。カメラもその一つでしょう。前頁でご紹介した(福)龍雲寺学園　バウデア学舎の子どもたちの、11月のある日の出来事の連続写真をご紹介します(次頁図1)。そこには、写真だけでなく文章が添えられています。「園庭のハウスの板に縄を掛けてYくんが何やら始めました。何をするのかを見ていると、ダンプカーにも縄をつないでいるようです。Yくんの様々な動きを見ているうちに、"ガソリンスタンド"での場面をまねしているのではないかと思いました。縄の形状を考え、自分のイメージした遊びに使って楽しむ姿がとても楽しそうでした。最後に縄を引きずりながらダンプカーを押していく様子はガソリンの配達でしょうか。彼の遊びのストーリーを感じました」というような内容です。

　このような動きは言葉だけでは伝わらないものです。そして何をしたのかではなく、子どもの心がどのように動き「モノ」や「こと」に関わり、どのような経験をしたのかを綿密に伝えるものになっています。これを見たYくんの保護者は、丁寧に我が子を見てくれていることに安心するとともに、Yくんならではの創意工夫が見えてくるような、子どもの見方に気づくでしょう。つまり、保育者の専門的なまなざしを保護者も共有することができるのです。

図1

図2

資料提供：(福)龍雲寺学園　バウデア学舎(金沢市)

子どもの育ちを比べながら捉える

　もう一枚を見てみましょう。これは6か月後の5月に、同じYくんが、同じ縄で遊んだときの様子です(図2)。今度はガソリンスタンドではなく、家の鍵に見立てていることが分かります。子どもの育ちというのは、大きくなったり何かができるようになったりしたことは分かりやすいですが、このような「モノ」との出会いや関わりは分かりにくいものです。写真でYくんと縄とのつながりを捉えてあったからこそ、6か月後の変化にも気づきやすくなります。

　写真ではYくんと縄との関係の変化を読み取ることも、手先の巧緻性や見立ての詳細さなども知ることができます。園ではこのように子どもの育ちを振り返り、モノとの関係の変化も読み取っていることを保護者に伝えられるというのも、写真のよいところかもしれません。保護者と担任のやり取りの中で個人の育ちを伝え合える、一人ひとりの育ちの共有ともいえます。こうした写真での出来事の記録を、1か月〜数か月に一回ほどの無理のない形でやってみるのも、デジタル時代ならではの連絡帳ではないでしょうか。

デジタル時代のアプリによる工夫

　保護者の方々とのコミュニケーションのデジタル化について今度は園全体やクラスへの連絡、お知らせをできるようにするスマートフォン対応アプリを取り入れた園の様子についてのお話を、(福)湘南学園幼保連携型認定こども園『保育の家しょうなん』の塚本秀一園長先生に伺い、私が学んだことをご紹介したいと思います[※]。

便利な機能
　スマートフォン対応アプリには、連絡の伝わりやすさと、連絡された情報を仕事や家事など多忙な中でも個人のライフスタイルに応じて活用できる便利さがあると感じます。地震直後など全員の無事を知らせる緊急連絡は、電話よりも即時性があり、とても便利です。また落とし物情報の案内もそうです。どの園でも落し物はありますが、それを写真で撮影してお知らせすることで、自分の家の物かどうかがすぐ分かるというお話でした(写真1)。またそれを見ながら確認できるため、家にあるか園で紛失したかなども分かります。写真があることで情報内容をより詳細にすることができます。デジタル化だからこそできることです。
　またスケジュール機能は、園の行事や活動予定が個人のカレンダーの中にそのまま埋め込まれるということで、多忙な保護者に大好評だそうです。ご家庭と園をつなぐというときに、園

での子どもの生活と保護者をつなぐと同時に、保護者の生活と園もつながっている、と感じてもらえる機能でしょう(写真2)。他にもアルバム機能や給食内容の配信などもできるアプリもあり、これらは園と保護者の間の情報を密につなぎ、信頼を培っていくのに一役買う機能だといえます。園内の掲示でありつつ、それがデジタル化されることで、いつでもどこでも見ることができるようになります。

デジタル化に伴う配慮事項

とはいっても、全員がスマートフォンを使っているわけではないことへの配慮、また子どもたちの写真を簡単に掲載できることなどは、子どもの個人情報の保護や、倫理的な配慮を考える必要があります。まずは、試験的に導入することで理解してもらい、同意を得て使用していくことが大事だと伺いました。

写真1

写真2

写真提供：(福)湘南学園　保育の家　しょうなん(滋賀県)

さらに、どの家庭も排除されることがないようにする配慮が大切であり、例えば「ガラケー」をお使いの方には、タブレットでも使えることを説明されたそうです。また、アプリ導入による保護者の経済的負担をなくされたそうです。
　デジタル化が進むほど、園からの発信は何をどこまでするのか、保護者からの発信にはどこまで対応するのかなどの調整も必要になります。導入によりかえって仕事が増える可能性があります。スマートフォン対応アプリなどの導入は、保育をより豊かにする時間や保育支援につながるのかどうか、といったことをもとに職員間で判断する必要があるでしょう。

※　(公財)野間教育研究所幼児教育研究部会セミナー報告 2019
　　『園・家庭・地域の豊かなコミュニケーションシステムをめざして〜お便り・Web サイト等実際』

デジタル時代の写真の活用

　デジタル時代だからこそ、園便りに写真を多用したり、工夫を凝らした写真を掲示したりしている園は多いと思います。どのような見出しを入れ、どのような形で発信していくのかを考えることこそが、届けたいメッセージではないかと思います。
　石川県金沢市にある大徳学園での「園便り」と運動会前に出された「ドキュメンテーションお便り」を参考にしながら、お便りの内容とデジタル写真との関係を考えてみたいと思います。

育てたい資質を示して届けるクラス便り
　この園では数年前から、運動会の競技で使う道具の一つを、園にある既製品を使わずに5歳児がクラスごとに考えて製作し、クラス対抗の競技に使用するようにされています。まず次頁の図1をご覧ください。これは綱引きの綱を子どもたち自らが作るという試みをしたときのものです。子どもたちの探究が伝わってきますね。この園では、毎日のお便りのメインは写真ですが、そこに吹き出しを付けることで子どものそのときの気持ちを描く形をとるだけでなく、その活動に対する担任の見方や考え方も書かれています。
　さらに下には、育てたい子ども像として10の姿の観点を年間を通して、どのクラス便りでも書いておられます。そこに該当すると判断した箇所にチェックを入れることで、保護者に

一つの活動の中で多様な資質が育っていることを伝えるものにもなっています。

プロセスを示す「ドキュメンテーションお便り」

また図2は、運動会に至るまでの子どもたちの活動がどのように展開していったか、本番へのプロセスを描いた「ドキュメンテーションお便り」の平成29年度のものです。玉入れのかごを子どもたちで作った様子を紹介しています。かごの高さと3辺の長さは保育者が決め、正しくできているかを園長先生が測るというルールで、各クラスが工夫して作り、練習を繰り返す

画像提供:(福)大徳福祉会　大徳学園(金沢市)

様子を中心に伝えるものになっています。こうしたお便りが配布されることによって、運動会という行事を見る保護者の目も変わってくるといえるでしょう。

　保護者に持ち物や事務的な事柄だけを伝えるのではなく、子どもの思いや試行錯誤を通しての探究で何が育っているのかを感じ、わかってもらう日々のお便りと、行事へ至る「ドキュメンテーションお便り」は、保護者とのコミュニケーションとして有効であるだけでなく、保育者の専門性から見える子どもの声を、保護者に届ける有効な媒体となるのではないでしょうか。

図2

伝え合い方を学び合う

　前頁までは、園で保護者に対してどのように情報を発信したりコミュニケーションをとったりするのかについて、デジタル化の動向も踏まえて園便りやホームページなどを例にお話をしてきました。

　保護者に向けてどのようにコミュニケーションをとっていくのかということについて、自園だけではなく、他園と共に紹介し合うことは、自分たちの作成している情報とは少し違った視点を提供してもらえ、工夫を知る機会となります。千葉市保育協議会花見川区会では、資質向上に向け、園間の"情報の見える化"交流を、公立・民営の壁を越えてされているということを、2018年の全国保育研究大会でお話を伺いました（写真1）。そこには、スケッチブック、壁新聞、掲示板、子育てアドバイスのリーフレットなど、多様な形で"情報の見える化"の取り組みが行なわれています。壁への掲示でも、園によって、生活や遊びのエピソードを知らせる、一日の保育の流れを知らせる、お散歩マップで戸外活動の場所などを知らせる、食育の取り組みを知らせる、行事の様子などを知らせるといった、保護者が何を知りたいと思っているかを考え、多様な情報を伝える手段を取られていることが分かります。これらからは、園としてクラスとして次はこんなことを伝えてみよう、こんな風に伝えてみようという学びが生まれるでしょう。

職員間での共有の工夫

　また、保護者とのコミュニケーションだけではなく職員間での共有の工夫も見られます。事例的な記録だけではなく、写真2は、"ヒヤリ・ハット"が起きそうな場所がひと目で分かる絵地図による記録と共有の例です。マップの中に配慮点（注意点）を書き込み、園内の安全に対しての取り組みとしています。伝えるというだけではなく、"ヒヤリ・ハット"を掲示し、安全への意識を育てるということにもつながっています。

　出来事の掲示などの見える化が保護者、子ども、職員間での時間軸の共有につながるのに対して、マップや環境図という空間の見える化は、特定の場やそこへの動線などの、動きと場の関係の意識化につながっていきます。多様な軸での見える化をやってみるとよいかもしれません。しかし、掲示があまりにも多いと見なくなりますから、メディアや方法の使い分けも大事といえるでしょう。園で"見える化"されている事柄を保護者目線、子ども目線など、目線を変えて相互に見てみてはどうでしょうか。

写真1

写真2

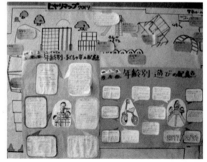

画像提供：千葉市保育協議会花見川区会

これからの園でのコミュニケーション

　園から保護者に対してどのようなコミュニケーションを、どのようなメディアで出していくのかの事例を挙げながら、ご紹介をしてきました。何を取り上げるのかと同時に、どのような視点や語り口、どれくらいの量で伝えるのがよいかということと、それらが「園の保育観」とも関係していることも合わせてお伝えしてきました。

保護者へのコミュニケーション・保護者からのコミュニケーション
　保護者へのコミュニケーションは、どのようなメディアを用いても、伝えたいことを明確にすること、またそれが否定的なことや禁止・抑制ではなく、このような方向に進みたいという願いやこんなことを大事にしていますという意図を、具体的なエピソードや根拠と共に伝えることが大事です。さらにコミュニケーションが園から保護者へという一方向だけではなく、双方向性がもてるような工夫もあるとよいでしょう。
　掲示などではコメントの付箋を付けられるようにしたり、「情報をお寄せください。お待ちしています」などと呼び掛けたりすることによって、情報が寄せられるようになるでしょう。そしてその情報を、園から保護者全員へ発信することで、保護者同士をつなぐ可能性も生まれると思います。他にも、ネットワークづくりを考える際、お知らせ型から地域に関するクイズなどを加える対話レクリエーション型へ転換したり、地図などを活用し、

個々の情報を書き込むことでマップを完成させる参加型にしたりするのもよいでしょう。また、園の一日の流れの表、今週・今月の遊びカレンダー、散歩カレンダーなどを使うことで、時間の流れを共有するということもよいのではないでしょうか。

子ども参加・地域参加・学校参加のコミュニケーション

　園便りやクラス便りというと、大人と大人の関係ですが、写真や出来事のイラストなどを使用すると子どもも見て参加でき、保護者に対して子どもがメッセンジャーになることもあります。子どもが一緒に掲示を作ったりしている園もあります。

　また、園の情報をどこに発信するのかということもコミュニケーションネットワークという視点からは大事になります。園内はいうまでもありませんが、地域や近隣の小学校などにも園便りを配布したり、小学校からの学校便りを保護者の見える所に掲示したりする園も数多く見られます。これからのコミュニケーションを考えるときには、みんながワクワクして子どもを中心につながり合えるシステム、それにふさわしいメディアの活用とネットワークのための発信先と受信法を考えることが大事だと思われます。

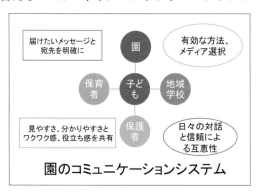

おわりに

　本著のもととなる原稿を執筆していた2年間は、新幼稚園教育要領や保育所保育指針、幼保連携型認定こども園教育保育要領が告示され実施された時期であり、保育士のキャリアアップ研修が始まり、そして2019年秋からは幼児教育の無償化が始まります。量の拡大と同時に質の確保だけでなく向上を唱え続けてきた私にとっては、ようやくと確保と向上の違いが使い分けられるようになってきたのをうれしく、しかし何事も一歩進むのにどれだけの人の尽力がその陰にあるのかを学ぶ2年間でもありました。そしてこれから保育・幼児教育はどのような方向に向かって歩みを続けるのでしょうか。

　子どもたちの現在(いま)は、私たちの未来を示す鏡でもあります。子どもたちの佇(たたず)む姿、笑顔あふれる姿、全身で泣いて訴える姿等の中に、子どもが拓く可能性や創造性を観とり、希望を感じとることができます。保育や教育の行為は、他者に向けられた信頼と希望に支えられて成り立ちます。その希望の実現のためには、心の中や慣習の中にある内なる壁を、一人一人が、園が、自

治体が開き、互いに学び育ちあう互恵的なネットワークを形成していくイノベーションに取り組むことが求められています。

　私は、園は地域において新しい公共を生み出す原点であると考えています。保育が市場サービスとして私事化され計画されたプログラムが全国どこでも均質の保育を行う道を歩むのではなく、異質な他者が協働し対話を交わし合い、地域の中でかけがえのない一人一人が育つ喜びや笑いを分かち合う公共空間として、市民社会を生み出す出発の場となればと願っています。自治体や行政からの資金で運営されるのか民間資金かと言う意味での公か民かではなく、今問われているのは、共に新たな価値を生み出す社会を創りだしていく公共に参画できる市民が集い、語り和（なご）みあう場となっているかどうかだと思います。子どもを慈（いつく）しみ育む保育の心もちは、園、家庭、地域、社会の中でその価値を分かち持ち、保育という専門家の営みへの敬愛として成立するものであってほしいと心から願っています。それが人を育む保育の倫（みち）ではないかと思うのです。

秋田喜代美

初出掲載誌一覧

I

P.10	＝日本教育新聞（日本教育新聞社）	2017年 3月20日
P.12	＝日本教育新聞（日本教育新聞社）	2017年 4月3日
P.14	＝日本教育新聞（日本教育新聞社）	2017年 4月17日
P.16	＝日本教育新聞（日本教育新聞社）	2017年 5月1日
P.18	＝日本教育新聞（日本教育新聞社）	2017年 5月15日
P.20	＝日本教育新聞（日本教育新聞社）	2017年 6月19日
P.22	＝日本教育新聞（日本教育新聞社）	2017年 7月3日
P.24	＝日本教育新聞（日本教育新聞社）	2017年 7月17日
P.26	＝日本教育新聞（日本教育新聞社）	2017年 8月7日
P.28	＝日本教育新聞（日本教育新聞社）	2017年 8月28日
P.30	＝日本教育新聞（日本教育新聞社）	2017年 9月11日
P.32	＝日本教育新聞（日本教育新聞社）	2017年 9月25日
P.34	＝日本教育新聞（日本教育新聞社）	2017年 10月9日
P.36	＝日本教育新聞（日本教育新聞社）	2017年 10月23日
P.38	＝日本教育新聞（日本教育新聞社）	2017年 11月13日
P.40	＝日本教育新聞（日本教育新聞社）	2017年 11月27日
P.42	＝日本教育新聞（日本教育新聞社）	2017年 12月11日
P.44	＝日本教育新聞（日本教育新聞社）	2018年 1月1日
P.46	＝日本教育新聞（日本教育新聞社）	2018年 1月22日
P.48	＝日本教育新聞（日本教育新聞社）	2018年 2月5日
P.50	＝日本教育新聞（日本教育新聞社）	2018年 2月19日
P.52	＝日本教育新聞（日本教育新聞社）	2018年 3月5日
P.54	＝日本教育新聞（日本教育新聞社）	2018年 3月19日
P.56	＝日本教育新聞（日本教育新聞社）	2018年 4月2日
P.58	＝日本教育新聞（日本教育新聞社）	2018年 4月16日
P.60	＝日本教育新聞（日本教育新聞社）	2018年 5月7日
P.62	＝日本教育新聞（日本教育新聞社）	2018年 5月21日
P.64	＝日本教育新聞（日本教育新聞社）	2018年 6月4日
P.66	＝日本教育新聞（日本教育新聞社）	2018年 6月18日
P.68	＝日本教育新聞（日本教育新聞社）	2018年 7月2日
P.70	＝日本教育新聞（日本教育新聞社）	2018年 7月16日
P.72	＝日本教育新聞（日本教育新聞社）	2018年 8月6日
P.74	＝日本教育新聞（日本教育新聞社）	2018年 8月27日

P.76	＝日本教育新聞（日本教育新聞社）………………	2018年 9月10日
P.78	＝日本教育新聞（日本教育新聞社）………………	2018年 9月24日
P.80	＝日本教育新聞（日本教育新聞社）………………	2018年 10月8日
P.82	＝日本教育新聞（日本教育新聞社）………………	2018年 10月22日
P.84	＝日本教育新聞（日本教育新聞社）………………	2018年 11月12日
P.86	＝日本教育新聞（日本教育新聞社）………………	2018年 11月26日
P.88	＝日本教育新聞（日本教育新聞社）………………	2019年 1月7日

II

P.92	＝月刊保育とカリキュラム（ひかりのくに）……	2017年 4月号
P.94	＝月刊保育とカリキュラム（ひかりのくに）……	2017年 5月号
P.96	＝月刊保育とカリキュラム（ひかりのくに）……	2017年 6月号
P.98	＝月刊保育とカリキュラム（ひかりのくに）……	2017年 7月号
P.101	＝月刊保育とカリキュラム（ひかりのくに）……	2017年 8月号
P.103	＝月刊保育とカリキュラム（ひかりのくに）……	2017年 9月号
P.106	＝月刊保育とカリキュラム（ひかりのくに）……	2017年 10月号
P.109	＝月刊保育とカリキュラム（ひかりのくに）……	2017年 11月号
P.112	＝月刊保育とカリキュラム（ひかりのくに）……	2017年 12月号
P.114	＝月刊保育とカリキュラム（ひかりのくに）……	2018年 1月号
P.117	＝月刊保育とカリキュラム（ひかりのくに）……	2018年 2月号
P.119	＝月刊保育とカリキュラム（ひかりのくに）……	2018年 3月号

III

P.124	＝月刊保育とカリキュラム（ひかりのくに）……	2018年 4月号
P.126	＝月刊保育とカリキュラム（ひかりのくに）……	2018年 5月号
P.129	＝月刊保育とカリキュラム（ひかりのくに）……	2018年 6月号
P.131	＝月刊保育とカリキュラム（ひかりのくに）……	2018年 7月号
P.134	＝月刊保育とカリキュラム（ひかりのくに）……	2018年 8月号
P.137	＝月刊保育とカリキュラム（ひかりのくに）……	2018年 9月号
P.140	＝月刊保育とカリキュラム（ひかりのくに）……	2018年 10月号
P.143	＝月刊保育とカリキュラム（ひかりのくに）……	2018年 11月号
P.146	＝月刊保育とカリキュラム（ひかりのくに）……	2018年 12月号
P.149	＝月刊保育とカリキュラム（ひかりのくに）……	2019年 1月号
P.152	＝月刊保育とカリキュラム（ひかりのくに）……	2019年 2月号
P.154	＝月刊保育とカリキュラム（ひかりのくに）……	2019年 3月号

●著者紹介

秋田　喜代美（あきた きよみ）

東京大学大学院教育学研究科研究科長・教育学部長。
東京大学大学院教育学研究科教授。
東京大学文学部社会学科卒業。（株）富士銀行勤務。
退職、第一子出産後東京大学教育学部学士入学。
東京大学大学院教育学研究科博士課程修了。博士（教育学）。
東京大学教育学部助手、立教大学文学部助教授を経て1999年より現職。

主な著書
『保育の心もち』『保育のおもむき』『保育のみらい』『保育の温もり』『続 保育のみらい』『保育の心意気』『秋田喜代美と安見克夫が語る写真で見るホンモノ保育』『秋田喜代美の 写真で語る保育の環境づくり』（以上、ひかりのくに）
『リーダーは保育をどうつくってきたか―実例で見るリーダーシップ研究―』（フレーベル館 2018）
『子どもたちからの贈りもの―レッジョ・エミリアの哲学に基づく保育実践』（萌文書林 2018 共著）

●写真 篠木眞　　　本誌掲載の写真は園の了解を得て掲載しています。

新 保育の心もち　〜まなざしを問う〜

2019年5月　初版発行

著　者　秋田　喜代美
発行者　岡本　功
発行所　ひかりのくに株式会社
〒543-0001　大阪市天王寺区上本町3-2-14　郵便振替 00920-2-118855
〒175-0082　東京都板橋区高島平6-1-1　郵便振替 00150-0-30666
ホームページアドレス　http://www.hikarinokuni.co.jp
印刷所　図書印刷株式会社

乱丁・落丁はお取り替えいたします。　　　　　　　　Printed in Japan
検印省略 ⓒKiyomi Akita 2019　　　　　　　　ISBN978-4-564-60929-9
　　　　　　　　　　　　　　　　　　　　　　　NDC376　160P 19×14cm

本書のコピー、スキャン、デジタル化等の無断複製は著作権法上での例外を除き禁じられています。本書を代行業者等の第三者に依頼してスキャンやデジタル化することは、たとえ個人や家庭内の利用であっても著作権法上認められておりません。

・JCOPY ＜出版者著作権管理機構 委託出版物＞
本書の無断複製は著作権法上での例外を除き禁じられています。複製される場合は、そのつど事前に、出版者著作権管理機構（電話 03-5244-5088、FAX 03-5244-5089、e-mail: info@jcopy.or.jp）の許諾を得てください。